The Time Machine

La máquina del tiempo

[Bilingual Edition]

English – Spanish

by H. G. Wells

Translated by Möwenstein

Contents

I. Introduction

I. Introducción

1.1 **The Time Traveller (for so it will be convenient to speak of him) was expounding a recondite matter to us.**
El Viajero del Tiempo (porque así será conveniente hablar de él) nos estaba exponiendo un asunto recóndito.

1.2 **His pale grey eyes shone and twinkled, and his usually pale face was flushed and animated.**
Sus pálidos ojos grises brillaban y centelleaban, y su rostro, habitualmente pálido, estaba sonrojado y animado.

1.3 **The fire burnt brightly,**
El fuego ardía intensamente,

1.4 **and the soft radiance of the incandescent lights in the lilies of silver caught the bubbles that flashed and passed in our glasses.**
y el suave resplandor de las luces incandescentes de los lirios de plata captaba las burbujas que centelleaban y pasaban en nuestros vasos.

Our chairs, being his patents, embraced and caressed us rather than submitted to be sat upon, and there was that luxurious after-dinner atmosphere, when thought runs gracefully free of the trammels of precision. 1.5

Nuestras sillas, al ser sus patentes, nos abrazaban y acariciaban en lugar de someterse a que nos sentáramos en ellas, y se respiraba esa lujosa atmósfera de sobremesa, cuando el pensamiento corre graciosamente libre de las trabas de la precisión.

And he put it to us in this way - 1.6

Y nos lo planteó de esta manera -

marking the points with a lean forefinger - 1.7

marcando los puntos con un dedo índice delgado -

as we sat and lazily admired his earnestness over this new paradox (as we thought it) and his fecundity. 1.8

mientras nos sentábamos y admirábamos perezosamente su seriedad por esta nueva paradoja (como la pensábamos) y su fecundidad.

"You must follow me carefully. 2.1

"Deben seguirme con atención.

I shall have to controvert one or two ideas that are almost universally accepted. 2.2

Tendré que controvertir una o dos ideas que son casi universalmente aceptadas.

The geometry, for instance, they taught you at school is founded on a misconception." 2.3

La geometría, por ejemplo, que te enseñaron en la escuela se basa en un concepto erróneo."

3.1 "Is not that rather a large thing to expect us to begin upon?"

"¿No es mucho esperar que empecemos por ahí?"

3.2 said Filby, an argumentative person with red hair.

dijo Filby, una persona discutidora y pelirroja.

4.1 "I do not mean to ask you to accept anything without reasonable ground for it.

"No pretendo pedirle que acepte nada sin motivos razonables para ello.

4.2 You will soon admit as much as I need from you.

Pronto admitirá todo lo que necesito de usted.

4.3 You know of course that a mathematical line, a line of thickness nil, has no real existence.

Usted sabe, por supuesto, que una línea matemática, una línea de espesor nulo, no tiene existencia real.

4.4 They taught you that? Neither has a mathematical plane.

¿Te lo han enseñado? Tampoco un plano matemático.

4.5 These things are mere abstractions."

Estas cosas son meras abstracciones."

5.1 "That is all right," said the Psychologist.

"Está bien," dijo el psicólogo.

6.1 "Nor, having only length, breadth, and thickness, can a cube have a real existence."

"Tampoco, teniendo sólo longitud, anchura y grosor, puede un cubo tener una existencia real."

"There I object," said Filby. 7.1
"Ahí protesto," dijo Filby.

"Of course a solid body may exist. 7.2
"Por supuesto que puede existir un cuerpo sólido.

All real things — " 7.3
Todas las cosas reales — "

"So most people think. 8.1
"Eso es lo que piensa la mayoría de la gente.

But wait a moment. Can an instantaneous cube 8.2
exist?"
Pero espera un momento. ¿Puede existir un cubo
instantáneo?"

"Don't follow you," said Filby. 9.1
"No te sigo," dijo Filby.

"Can a cube that does not last for any time at all, 10.1
"¿Puede un cubo que no dura nada,

have a real existence?" 10.2
tener una existencia real?"

Filby became pensive. "Clearly," 11.1
Filby se quedó pensativo. "Es evidente,"

the Time Traveller proceeded, 11.2
prosiguió el Viajero del Tiempo,

"any real body must have extension in four 11.3
directions:
"que cualquier cuerpo real debe tener extensión en cuatro
direcciones:

11.4   it must have Length, Breadth, Thickness, and —
Duration.

debe tener Longitud, Anchura, Espesor y Duración.

11.5   But through a natural infirmity of the flesh, which
I will explain to you in a moment, we incline to
overlook this fact.

Pero por una enfermedad natural de la carne, que les
explicaré dentro de un momento, tendemos a pasar por
alto este hecho.

11.6   There are really four dimensions, three which we call
the three planes of Space, and a fourth, Time.

Hay realmente cuatro dimensiones, tres que llamamos los
tres planos del Espacio, y una cuarta, el Tiempo.

11.7   There is, however, a tendency to draw an unreal
distinction between the former three dimensions and
the latter, because it happens that our consciousness
moves intermittently in one direction along the latter
from the beginning to the end of our lives."

Hay, sin embargo, una tendencia a establecer una
distinción irreal entre las tres primeras dimensiones y
la última, porque sucede que nuestra conciencia se mueve
intermitentemente en una dirección a lo largo de esta
última desde el principio hasta el final de nuestras vidas."

12.1   "That," said a very young man,

"Eso," dijo un hombre muy joven,

12.2   making spasmodic efforts to relight his cigar over the
lamp;

haciendo esfuerzos espasmódicos para volver a encender su
cigarro sobre la lámpara;

12.3   "that ...very clear indeed."

"eso ...muy claro de hecho."

"Now, it is very remarkable that this is so extensively overlooked," 13.1
"Ahora bien, es muy notable que esto se pase por alto tan extensamente,"

continued the Time Traveller, 13.2
continuó el Viajero del Tiempo,

with a slight accession of cheerfulness. 13.3
con una ligera accesión de alegría.

"Really this is what is meant by the Fourth Dimension, 13.4
"Realmente esto es lo que se entiende por Cuarta Dimensión,

though some people who talk about the Fourth Dimension do not know they mean it. 13.5
aunque algunas personas que hablan de la Cuarta Dimensión no saben lo que quieren decir.

It is only another way of looking at Time. 13.6
Es sólo otra forma de ver el Tiempo.

There is no difference between Time and any of the three dimensions of Space except that our consciousness moves along it. 13.7
No hay ninguna diferencia entre el Tiempo y cualquiera de las tres dimensiones del Espacio, excepto que nuestra conciencia se mueve a lo largo de él.

But some foolish people have got hold of the wrong side of that idea. 13.8
Pero algunos insensatos se han apoderado del lado equivocado de esa idea.

13.9 You have all heard what they have to say about this Fourth Dimension?"

¿Habéis oído lo que dicen de esta Cuarta Dimensión?"

14.1 "I have not," said the Provincial Mayor.

"No lo he hecho," dijo el Alcalde Provincial.

15.1 "It is simply this.

"Es simplemente esto.

15.2 That Space, as our mathematicians have it, is spoken of as having three dimensions, which one may call Length, Breadth, and Thickness, and is always definable by reference to three planes, each at right angles to the others.

Se dice que el espacio, tal como lo entienden nuestros matemáticos, tiene tres dimensiones, que podemos llamar longitud, anchura y grosor, y siempre se puede definir por referencia a tres planos, cada uno en ángulo recto con los otros.

15.3 But some philosophical people have been asking why three dimensions particularly -

Pero algunos filósofos se han preguntado por qué tres dimensiones en particular -

15.4 why not another direction at right angles to the other three?

¿por qué no otra dirección perpendicular a las otras tres?

15.5 – and have even tried to construct a Four-Dimensional geometry.

– e incluso han intentado construir una geometría de cuatro dimensiones.

Professor Simon Newcomb was expounding this to the New York Mathematical Society only a month or so ago. 15.6
El profesor Simon Newcomb lo expuso ante la Sociedad Matemática de Nueva York hace apenas un mes.

You know how on a flat surface, which has only two dimensions, we can represent a figure of a three-dimensional solid, and similarly they think that by models of three dimensions they could represent one of four — if they could master the perspective of the thing. 15.7
Saben ustedes cómo en una superficie plana, que sólo tiene dos dimensiones, podemos representar una figura de un sólido tridimensional, y del mismo modo piensan que mediante modelos de tres dimensiones podrían representar uno de cuatro, si pudieran dominar la perspectiva de la cosa.

See?" 15.8
¿Lo ven?"

"I think so," murmured the Provincial Mayor; 16.1
"Creo que sí," murmuró el alcalde provincial;

and, knitting his brows, he lapsed into an introspective state, his lips moving as one who repeats mystic words. 16.2
y, frunciendo las cejas, se sumió en un estado introspectivo, moviendo los labios como quien repite palabras místicas.

"Yes, I think I see it now," he said after some time, 16.3
"Sí, creo que ahora lo veo," dijo al cabo de un rato,

brightening in a quite transitory manner. 16.4
iluminándose de un modo bastante transitorio.

17.1 **"Well,**
"Bueno,

17.2 **I do not mind telling you I have been at work upon this geometry of Four Dimensions for some time.**
no me importa decirte que he estado trabajando en esta geometría de las Cuatro Dimensiones durante algún tiempo.

17.3 **Some of my results are curious.**
Algunos de mis resultados son curiosos.

17.4 **For instance, here is a portrait of a man at eight years old, another at fifteen, another at seventeen, another at twenty-three, and so on.**
Por ejemplo, aquí hay un retrato de un hombre a los ocho años, otro a los quince, otro a los diecisiete, otro a los veintitrés, y así sucesivamente.

17.5 **All these are evidently sections, as it were, Three-Dimensional representations of his Four-Dimensioned being, which is a fixed and unalterable thing.**
Todas estas son evidentemente secciones, por así decirlo, representaciones tridimensionales de su ser cuatridimensional, que es una cosa fija e inalterable.

18.1 **"Scientific people,"**
"Los científicos,"

18.2 **proceeded the Time Traveller, after the pause required for the proper assimilation of this,**
prosiguió el Viajero del Tiempo, tras la pausa necesaria para asimilarlo,

"know very well that Time is only a kind of Space.   18.3
"saben muy bien que el Tiempo no es más que una especie
de Espacio.

Here is a popular scientific diagram,   18.4
He aquí un diagrama de divulgación científica,

a weather record.   18.5
un registro meteorológico.

This line I trace with my finger shows the movement   18.6
of the barometer.
Esta línea que trazo con el dedo muestra el movimiento del
barómetro.

Yesterday it was so high, yesterday night it fell, then   18.7
this morning it rose again, and so gently upward to
here.
Ayer estaba tan alto, ayer por la noche bajó, luego esta
mañana volvió a subir, y así suavemente hacia arriba hasta
aquí.

Surely the mercury did not trace this line in any of   18.8
the dimensions of Space generally recognised.
Seguramente el mercurio no trazó esta línea en ninguna de
las dimensiones del espacio generalmente reconocidas.

But certainly it traced such a line, and that line,   18.9
therefore, we must conclude, was along the Time-
Dimension."
Pero ciertamente trazó tal línea, y esa línea, por lo tanto,
debemos concluir que fue a lo largo de la Dimensión del
Tiempo."

"But,"   19.1
"Pero,"

19.2   said the Medical Man, staring hard at a coal in the fire,

dijo el médico, mirando fijamente un carbón en el fuego,

19.3   "if Time is really only a fourth dimension of Space, why is it, and why has it always been, regarded as something different?

"si el tiempo es realmente sólo una cuarta dimensión del espacio, ¿por qué se considera, y por qué siempre se ha considerado, como algo diferente?

19.4   And why cannot we move in Time as we move about in the other dimensions of Space?"

¿Y por qué no podemos movernos en el Tiempo como nos movemos en las otras dimensiones del Espacio?"

20.1   The Time Traveller smiled.

El Viajero del Tiempo sonrió.

20.2   "Are you so sure we can move freely in Space?

"¿Estás tan seguro de que podemos movernos libremente por el Espacio?

20.3   Right and left we can go, backward and forward freely enough, and men always have done so.

Podemos ir a derecha e izquierda, hacia delante y hacia atrás con suficiente libertad, y los hombres siempre lo han hecho así.

20.4   I admit we move freely in two dimensions.

Admito que nos movemos libremente en dos dimensiones.

20.5   But how about up and down? Gravitation limits us there."

Pero, ¿y arriba y abajo? La gravitación nos limita ahí."

"Not exactly," said the Medical Man. "There are balloons."   21.1
"No exactamente," dijo el Médico. "Hay globos."

"But before the balloons, save for spasmodic jumping and the inequalities of the surface, man had no freedom of vertical movement."   22.1
"Pero antes de los globos, salvo los saltos espasmódicos y las desigualdades de la superficie, el hombre no tenía libertad de movimiento vertical."

"Still they could move a little up and down,"   23.1
"Todavía podían moverse un poco arriba y abajo,"

said the Medical Man.   23.2
dijo el Médico.

"Easier, far easier down than up."   24.1
"Más fácil, mucho más fácil bajar que subir."

"And you cannot move at all in Time,   25.1
"Y no puedes moverte en absoluto en el Tiempo,

you cannot get away from the present moment."   25.2
no puedes alejarte del momento presente."

"My dear sir, that is just where you are wrong.   26.1
"Mi querido señor, ahí es justo donde se equivoca.

That is just where the whole world has gone wrong.   26.2
Ahí es justo donde el mundo entero se ha equivocado.

We are always getting away from the present moment.   26.3
Siempre nos estamos alejando del momento presente.

26.4 Our mental existences, which are immaterial and have no dimensions, are passing along the Time-Dimension with a uniform velocity from the cradle to the grave.

Nuestras existencias mentales, que son inmateriales y no tienen dimensiones, están pasando a lo largo de la Dimensión-Tiempo con una velocidad uniforme desde la cuna hasta la tumba.

26.5 Just as we should travel down if we began our existence fifty miles above the earth's surface."

Igual que viajaríamos hacia abajo si comenzáramos nuestra existencia a ochenta kilómetros por encima de la superficie terrestre."

27.1 "But the great difficulty is this,"

"Pero la gran dificultad es ésta,"

27.2 interrupted the Psychologist.

interrumpió el psicólogo.

27.3 'You can move about in all directions of Space,

Puedes moverte en todas las direcciones del Espacio,

27.4 but you cannot move about in Time."

pero no puedes moverte en el Tiempo."

28.1 "That is the germ of my great discovery.

"Ese es el germen de mi gran descubrimiento.

28.2 But you are wrong to say that we cannot move about in Time.

Pero se equivoca al decir que no podemos movernos en el Tiempo.

For instance, if I am recalling an incident very vividly I go back to the instant of its occurrence:

28.3

Por ejemplo, si estoy recordando un incidente muy vívidamente, vuelvo al instante en que ocurrió:

I become absent-minded, as you say. I jump back for a moment.

28.4

Me vuelvo distraído, como usted dice. Retrocedo un instante.

Of course we have no means of staying back for any length of Time, any more than a savage or an animal has of staying six feet above the ground.

28.5

Por supuesto, no tenemos medios para retroceder durante mucho tiempo, como tampoco los tiene un salvaje o un animal para mantenerse a dos metros del suelo.

But a civilised man is better off than the savage in this respect.

28.6

Pero un hombre civilizado está mejor que un salvaje en este aspecto.

He can go up against gravitation in a balloon, and why should he not hope that ultimately he may be able to stop or accelerate his drift along the Time-Dimension, or even turn about and travel the other way?"

28.7

Puede ir contra la gravitación en un globo, y ¿por qué no esperar que en última instancia pueda detener o acelerar su deriva a lo largo de la dimensión-tiempo, o incluso dar la vuelta y viajar en sentido contrario?"

"Oh, this," began Filby, "is all — "

29.1

"Oh, esto," comenzó Filby, "es todo — "

30.1 "Why not?" said the Time Traveller.
"¿Por qué no?" dijo el Viajero del Tiempo.

31.1 "It's against reason," said Filby.
"Va en contra de la razón," dijo Filby.

32.1 "What reason?" said the Time Traveller.
"¿Por qué razón?" dijo el Viajero del Tiempo.

33.1 "You can show black is white by argument,"
"Puedes demostrar con argumentos que lo negro es blanco,"

33.2 said Filby, "but you will never convince me."
dijo Filby, "pero nunca me convencerás."

34.1 "Possibly not," said the Time Traveller.
"Posiblemente no," dijo el Viajero del Tiempo.

34.2 "But now you begin to see the object of my investigations into the geometry of Four Dimensions.
"Pero ahora empiezas a ver el objeto de mis investigaciones sobre la geometría de las Cuatro Dimensiones.

34.3 Long ago I had a vague inkling of a machine — "
Hace mucho tiempo tuve un vago presentimiento de una máquina — "

35.1 "To travel through Time!" exclaimed the Very Young Man.
"¡Viajar en el Tiempo!" exclamó el Muy Joven.

"That shall travel indifferently in any direction of
Space and Time,

36.1

"Que viajará indiferentemente en cualquier dirección del
Espacio y del Tiempo,

as the driver determines."

36.2

según determine el conductor."

Filby contented himself with laughter.

37.1

Filby se contentó con reír.

"But I have experimental verification,"

38.1

"Pero tengo una verificación experimental,"

said the Time Traveller.

38.2

dijo el Viajero del Tiempo.

"It would be remarkably convenient for the
historian,"

39.1

"Sería muy conveniente para el historiador,"

the Psychologist suggested.

39.2

sugirió el psicólogo.

"One might travel back and verify the accepted
account of the Battle of Hastings,

39.3

"Uno podría viajar al pasado y verificar el relato aceptado
de la batalla de Hastings,

for instance!"

39.4

¡por ejemplo!"

"Don't you think you would attract attention?"

40.1

"¿No crees que llamarías la atención?"

40.2 **said the Medical Man.**
dijo el Médico.

40.3 **"Our ancestors had no great tolerance for anachronisms."**
"Nuestros antepasados no toleraban mucho los anacronismos."

41.1 **"One might get one's Greek from the very lips of Homer and Plato,"**
"Uno podría aprender griego de los mismísimos labios de Homero y Platón,"

41.2 **the Very Young Man thought.**
pensó el Muy Joven.

42.1 **"In which case they would certainly plough you for the Little-go.**
"En cuyo caso ciertamente te ararían por el Pequeño-go.

42.2 **The German scholars have improved Greek so much."**
Los eruditos alemanes han mejorado mucho el griego."

43.1 **"Then there is the future," said the Very Young Man.**
"Luego está el futuro," dijo el Muy Joven.

43.2 **"Just think!**
"¡Piensa!

43.3 **One might invest all one's money, leave it to accumulate at interest, and hurry on ahead!"**
Uno podría invertir todo su dinero, dejarlo acumular a interés, ¡y apresurarse a seguir adelante!"

"To discover a society," said I,
44.1
"Descubrir una sociedad," dije,

"erected on a strictly communistic basis."
44.2
"erigida sobre una base estrictamente comunista."

"Of all the wild extravagant theories!"
45.1
"¡De todas las extravagantes teorías salvajes!"

began the Psychologist.
45.2
comenzó el psicólogo.

"Yes, so it seemed to me, and so I never talked of it until — "
46.1
"Sí, eso me pareció, y por eso nunca hablé de ello hasta que — "

"Experimental verification!" cried I.
47.1
"¡Verificación experimental!" grité.

"You are going to verify that?"
47.2
"¿Vas a verificar eso?"

"The experiment!" cried Filby,
48.1
"¡El experimento!" gritó Filby,

who was getting brain-weary.
48.2
que empezaba a tener el cerebro cansado.

"Let's see your experiment anyhow," said the Psychologist,
49.1
"Veamos tu experimento de todos modos," dijo el Psicólogo,

49.2 "though it's all humbug, you know."

"aunque todo son patrañas, ya sabes."

50.1 The Time Traveller smiled round at us.

El Viajero del Tiempo nos sonrió.

50.2 Then, still smiling faintly, and with his hands deep in his trousers pockets, he walked slowly out of the room, and we heard his slippers shuffling down the long passage to his laboratory.

Luego, sin dejar de sonreír y con las manos en los bolsillos del pantalón, salió lentamente de la habitación y oímos sus zapatillas arrastrando los pies por el largo pasillo que conducía a su laboratorio.

51.1 The Psychologist looked at us. "I wonder what he's got."

El psicólogo nos miró. "Me pregunto qué tendrá."

52.1 "Some sleight-of-hand trick or other,"

"Algún truco de prestidigitación u otro,"

52.2 said the Medical Man, and Filby tried to tell us about a conjuror he had seen at Burslem, but before he had finished his preface the Time Traveller came back, and Filby's anecdote collapsed.

dijo el Médico, y Filby intentó hablarnos de un prestidigitador que había visto en Burslem, pero antes de que terminara su prefacio volvió el Viajero del Tiempo, y la anécdota de Filby se vino abajo.

II. The Machine
II. La máquina

1.1 The thing the Time Traveller held in his hand was a glittering metallic framework, scarcely larger than a small clock, and very delicately made.
Lo que el Viajero del Tiempo tenía en la mano era un brillante armazón metálico, apenas más grande que un pequeño reloj, y muy delicadamente fabricado.

1.2 There was ivory in it, and some transparent crystalline substance.
Contenía marfil y una sustancia cristalina transparente.

1.3 And now I must be explicit, for this that follows -
Y ahora debo ser explícito, porque lo que sigue -

1.4 unless his explanation is to be accepted -
a menos que se acepte su explicación -

1.5 is an absolutely unaccountable thing.
es algo absolutamente inexplicable.

He took one of the small octagonal tables that were scattered about the room, and set it in front of the fire, with two legs on the hearthrug. 1.6
Tomó una de las mesitas octogonales que había esparcidas por la habitación y la colocó frente al fuego, con dos patas sobre el alféizar.

On this table he placed the mechanism. 1.7
Sobre ella colocó el mecanismo.

Then he drew up a chair, and sat down. 1.8
Luego acercó una silla y se sentó.

The only other object on the table was a small shaded lamp, 1.9
El único objeto que había sobre la mesa era una pequeña lámpara de pantalla,

the bright light of which fell upon the model. 1.10
cuya brillante luz caía sobre el modelo.

There were also perhaps a dozen candles about, two in brass candlesticks upon the mantel and several in sconces, so that the room was brilliantly illuminated. 1.11
También había alrededor una docena de velas, dos en candelabros de latón sobre la repisa de la chimenea y varias en apliques, de modo que la habitación estaba brillantemente iluminada.

I sat in a low arm-chair nearest the fire, and I drew this forward so as to be almost between the Time Traveller and the fireplace. 1.12
Me senté en un sillón bajo, el más cercano al fuego, y lo acerqué para que quedara casi entre el Viajero del Tiempo y la chimenea.

Filby sat behind him, 1.13
Filby estaba sentado detrás de él,

1.14 **looking over his shoulder.**
mirando por encima del hombro.

1.15 **The Medical Man and the Provincial Mayor watched him in profile from the right,**
El médico y el alcalde provincial le observaban de perfil desde la derecha,

1.16 **the Psychologist from the left.**
y el psicólogo desde la izquierda.

1.17 **The Very Young Man stood behind the Psychologist.**
El Hombre Muy Joven estaba detrás del Psicólogo.

1.18 **We were all on the alert.**
Todos estábamos alerta.

1.19 **It appears incredible to me that any kind of trick, however subtly conceived and however adroitly done, could have been played upon us under these conditions.**
Me parece increíble que en estas condiciones se nos haya podido jugar cualquier tipo de broma, por sutilmente concebida y hábilmente realizada que fuera.

2.1 **The Time Traveller looked at us, and then at the mechanism.**
El Viajero del Tiempo nos miró a nosotros y luego al mecanismo.

2.2 **"Well?" said the Psychologist.**
"¿Y bien?" dijo el Psicólogo.

"This little affair," said the Time Traveller, resting his elbows upon the table and pressing his hands together above the apparatus, "is only a model. 3.1

"Este pequeño artilugio - dijo el Viajero del Tiempo, apoyando los codos sobre la mesa y apretando las manos sobre el aparato - no es más que una maqueta.

It is my plan for a machine to travel through time. 3.2

Es mi proyecto de máquina para viajar en el tiempo.

You will notice that it looks singularly askew, and that there is an odd twinkling appearance about this bar, as though it was in some way unreal." 3.3

Observarás que tiene un aspecto singularmente torcido, y que hay una extraña apariencia centelleante en esta barra, como si fuera de algún modo irreal."

He pointed to the part with his finger. 3.4

Señaló la pieza con el dedo.

"Also, here is one little white lever, and here is another." 3.5

"Además, aquí hay una palanquita blanca, y aquí hay otra."

The Medical Man got up out of his chair and peered into the thing. 4.1

El médico se levantó de la silla y echó un vistazo al interior.

"It's beautifully made," he said. 4.2

"Está muy bien hecho," dijo.

"It took two years to make," retorted the Time Traveller. 5.1

"Tardó dos años en hacerse," replicó el Viajero del Tiempo.

5.2 Then, when we had all imitated the action of the
Medical Man, he said:

Luego, cuando todos hubimos imitado la acción del
Hombre Médico, dijo:

5.3 "Now I want you clearly to understand that this lever,
being pressed over, sends the machine gliding into
the future, and this other reverses the motion.

"Ahora quiero que entiendan claramente que esta palanca,
al ser presionada, envía la máquina deslizándose hacia el
futuro, y esta otra invierte el movimiento.

5.4 This saddle represents the seat of a time traveller.

Esta silla representa el asiento de un viajero del tiempo.

5.5 Presently I am going to press the lever,

En este momento voy a presionar la palanca,

5.6 and off the machine will go.

y la máquina se irá.

5.7 It will vanish, pass into future Time, and disappear.

Se desvanecerá, pasará al Tiempo futuro, y desaparecerá.

5.8 Have a good look at the thing. Look at the table too,

Echa un buen vistazo a la cosa. Miren la mesa también,

5.9 and satisfy yourselves there is no trickery.

y asegúrense de que no hay truco.

5.10 I don't want to waste this model, and then be told I'm
a quack."

No quiero desperdiciar este modelo y que luego digan que
soy un charlatán."

6.1 There was a minute's pause perhaps.

Hubo quizás un minuto de pausa.

The Psychologist seemed about to speak to me,　　6.2
El psicólogo parecía a punto de hablarme,

but changed his mind.　　6.3
pero cambió de idea.

Then the Time Traveller put forth his finger towards the lever.　　6.4
Entonces el Viajero del Tiempo levantó el dedo hacia la palanca.

"No," he said suddenly. "Lend me your hand."　　6.5
"No," dijo de repente. "Échame una mano."

And turning to the Psychologist,　　6.6
Y volviéndose hacia el Psicólogo,

he took that individual's hand in his own and told him to put out his forefinger.　　6.7
tomó la mano de éste entre las suyas y le dijo que extendiera el índice.

So that it was the Psychologist himself who sent forth the model Time Machine on its interminable voyage.　　6.8
De modo que fue el propio Psicólogo quien envió el modelo de la Máquina del Tiempo en su interminable viaje.

We all saw the lever turn.　　6.9
Todos vimos girar la palanca.

I am absolutely certain there was no trickery.　　6.10
Estoy absolutamente seguro de que no hubo ningún truco.

There was a breath of wind, and the lamp flame jumped.　　6.11
Hubo un soplo de viento, y la llama de la lámpara saltó.

6.12 One of the candles on the mantel was blown out, and the little machine suddenly swung round, became indistinct, was seen as a ghost for a second perhaps, as an eddy of faintly glittering brass and ivory;

Una de las velas de la chimenea se apagó, y la maquinita giró de pronto, se hizo borrosa, se vio como un fantasma durante un segundo quizá, como un remolino de latón y marfil que brillaba débilmente;

6.13 and it was gone — vanished!

y desapareció — ¡desapareció!

6.14 Save for the lamp the table was bare.

Salvo por la lámpara, la mesa estaba vacía.

7.1 Everyone was silent for a minute.

Todos guardaron silencio durante un minuto.

7.2 Then Filby said he was damned.

Entonces Filby dijo que estaba condenado.

8.1 The Psychologist recovered from his stupor, and suddenly looked under the table.

El Psicólogo se recuperó de su estupor y miró de repente debajo de la mesa.

8.2 At that the Time Traveller laughed cheerfully. "Well?"

El Viajero del Tiempo se rió alegremente. "¿Y bien?"

8.3 he said, with a reminiscence of the Psychologist.

dijo, recordando al Psicólogo.

Then, getting up, he went to the tobacco jar on the mantel, and with his back to us began to fill his pipe.

8.4

Luego, levantándose, se dirigió al tarro de tabaco de la repisa de la chimenea y, de espaldas a nosotros, empezó a llenar su pipa.

We stared at each other. "Look here," said the Medical Man,

9.1

Nos miramos fijamente. "Mira," dijo el médico,

"are you in earnest about this?

9.2

"¿hablas en serio?

Do you seriously believe that that machine has travelled into time?"

9.3

¿De verdad crees que esa máquina ha viajado en el tiempo?"

"Certainly," said the Time Traveller,

10.1

"Desde luego," dijo el Viajero del Tiempo,

stooping to light a spill at the fire.

10.2

inclinándose para encender un chisporroteo en el fuego.

Then he turned, lighting his pipe, to look at the Psychologist's face.

10.3

Luego se volvió, encendiendo su pipa, para mirar la cara del Psicólogo.

(The Psychologist, to show that he was not unhinged, helped himself to a cigar and tried to light it uncut.)

10.4

(El Psicólogo, para demostrar que no estaba trastornado, se sirvió un cigarro e intentó encenderlo sin cortarlo.)

"What is more,

10.5

"Es más,

10.6 I have a big machine nearly finished in there" —
tengo una gran máquina casi terminada ahí dentro" —

10.7 he indicated the laboratory —
señaló el laboratorio —

10.8 "and when that is put together I mean to have a journey on my own account."
"y cuando esté montada pienso hacer un viaje por mi cuenta."

11.1 "You mean to say that that machine has travelled into the future?"
"¿Quiere decir que esa máquina ha viajado al futuro?"

11.2 said Filby.
dijo Filby.

12.1 "Into the future or the past — I don't, for certain, know which."
"Hacia el futuro o hacia el pasado, no sé a ciencia cierta cuál."

13.1 After an interval the Psychologist had an inspiration.
Tras un intervalo, el psicólogo tuvo una inspiración.

13.2 "It must have gone into the past if it has gone anywhere,"
"Debe de haber ido al pasado, si es que ha ido a alguna parte,"

13.3 he said.
dijo.

"Why?" said the Time Traveller.   14.1
" ¿Por qué?" dijo el Viajero del Tiempo.

"Because I presume that it has not moved in space,   15.1
and if it travelled into the future it would still be here
all this time, since it must have travelled through this
time."
"Porque supongo que no se ha movido en el espacio, y si
viajara al futuro seguiría aquí todo este tiempo, ya que debe
haber viajado a través de este tiempo."

"But," said I,   16.1
"Pero," dije yo,

"If it travelled into the past it would have been visible   16.2
when we came first into this room;
"si hubiera viajado al pasado habría sido visible cuando
entramos por primera vez en esta habitación;

and last Thursday when we were here;   16.3
y el jueves pasado cuando estuvimos aquí;

and the Thursday before that; and so forth!"   16.4
y el jueves anterior; ¡y así sucesivamente!"

"Serious objections,"   17.1
"Serias objeciones,"

remarked the Provincial Mayor, with an air of   17.2
impartiality, turning towards the Time Traveller.
comentó el Alcalde Provincial, con aire de imparcialidad,
volviéndose hacia el Viajero del Tiempo.

18.1 "Not a bit," said the Time Traveller, and, to the
Psychologist:
"Ni un poco," dijo el Viajero del Tiempo, y, al Psicólogo:

18.2 "You think. You can explain that.
"Tú crees. Puedes explicarlo.

18.3 It's presentation below the threshold, you know,
diluted presentation."
Es presentación por debajo del umbral, ya sabes,
presentación diluida."

19.1 "Of course," said the Psychologist, and reassured us.
"Por supuesto," dijo el psicólogo, y nos tranquilizó.

19.2 "That's a simple point of psychology.
"Es una simple cuestión de psicología.

19.3 I should have thought of it. It's plain enough,
Debería haberlo pensado. Es bastante sencillo,

19.4 and helps the paradox delightfully.
y ayuda deliciosamente a la paradoja.

19.5 We cannot see it, nor can we appreciate this machine,
any more than we can the spoke of a wheel spinning,
or a bullet flying through the air.
No podemos verlo, ni podemos apreciar esta máquina,
como tampoco podemos ver el radio de una rueda girando,
o una bala volando por el aire.

If it is travelling through time fifty times or a
hundred times faster than we are, if it gets through
a minute while we get through a second, the
impression it creates will of course be only one-
fiftieth or one-hundredth of what it would make if
it were not travelling in time.

Si viaja a través del tiempo cincuenta o cien veces más
rápido que nosotros, si recorre un minuto mientras
nosotros recorremos un segundo, la impresión que
creará será, por supuesto, sólo una quincuagésima o
una centésima parte de la que causaría si no viajara en el
tiempo.

19.6

That's plain enough."

Eso está bastante claro."

19.7

He passed his hand through the space in which the
machine had been.

Pasó la mano por el espacio en que había estado la máquina.

19.8

"You see?" he said, laughing.

"¿Lo ves?" dijo riendo.

19.9

We sat and stared at the vacant table for a
minute or so.

Nos quedamos mirando la mesa vacía durante unos
minutos.

20.1

Then the Time Traveller asked us what we thought of
it all.

Entonces el Viajero del Tiempo nos preguntó qué
pensábamos de todo aquello.

20.2

"It sounds plausible enough tonight," said the
Medical Man;

"Suena bastante plausible esta noche," dijo el Médico;

21.1

21.2 "but wait until tomorrow.

"pero espera a mañana.

21.3 Wait for the common sense of the morning."

Espera al sentido común de la mañana."

22.1 "Would you like to see the Time Machine itself?"

"¿Le gustaría ver la Máquina del Tiempo?"

22.2 asked the Time Traveller.

preguntó el Viajero del Tiempo.

22.3 And therewith, taking the lamp in his hand, he led the way down the long, draughty corridor to his laboratory.

Y tomando la lámpara en la mano, nos condujo por el largo y ventilado pasillo hasta su laboratorio.

22.4 I remember vividly the flickering light, his queer, broad head in silhouette, the dance of the shadows, how we all followed him, puzzled but incredulous, and how there in the laboratory we beheld a larger edition of the little mechanism which we had seen vanish from before our eyes.

Recuerdo vívidamente la luz parpadeante, su extraña y ancha cabeza en silueta, la danza de las sombras, cómo le seguimos todos, perplejos pero incrédulos, y cómo allí en el laboratorio contemplamos una edición más grande del pequeño mecanismo que habíamos visto desvanecerse ante nuestros ojos.

22.5 Parts were of nickel, parts of ivory, parts had certainly been filed or sawn out of rock crystal.

Partes eran de níquel, partes de marfil, partes habían sido sin duda limadas o aserradas de cristal de roca.

The thing was generally complete, but the twisted crystalline bars lay unfinished upon the bench beside some sheets of drawings, and I took one up for a better look at it.

22.6

En general, el mecanismo estaba completo, pero las barras cristalinas retorcidas yacían sin terminar sobre el banco, junto a unas hojas de dibujo, y cogí una para verla mejor.

Quartz it seemed to be.

22.7

Parecía cuarzo.

"Look here," said the Medical Man,

23.1

"Mira," dijo el médico,

"are you perfectly serious?

23.2

"¿hablas en serio?

Or is this a trick — like that ghost you showed us last Christmas?"

23.3

¿O se trata de un truco como aquel fantasma que nos mostraste las pasadas Navidades?"

"Upon that machine,"

24.1

"Con esa máquina,"

said the Time Traveller, holding the lamp aloft,

24.2

dijo el Viajero del Tiempo, sosteniendo la lámpara en alto,

"I intend to explore time." Is that plain?

24.3

"pretendo explorar el tiempo."¿Está claro?

I was never more serious in my life."

24.4

Nunca hablé más en serio en mi vida."

25.1 **None of us quite knew how to take it.**
Ninguno de nosotros sabía cómo tomárselo.

26.1 **I caught Filby's eye over the shoulder of the Medical Man, and he winked at me solemnly.**
Capté la mirada de Filby por encima del hombro del Médico y me guiñó un ojo solemnemente.

III. The Time Traveller Returns

III. El viajero del tiempo regresa

1.1 I think that at that time none of us quite believed in the Time Machine.

Creo que en aquella época ninguno de nosotros creía del todo en la Máquina del Tiempo.

1.2 The fact is, the Time Traveller was one of those men who are too clever to be believed:

El hecho es que el Viajero del Tiempo era uno de esos hombres demasiado astutos para ser creídos:

1.3 you never felt that you saw all round him;

uno nunca sentía que lo veía todo a su alrededor;

1.4 you always suspected some subtle reserve, some ingenuity in ambush, behind his lucid frankness.

siempre sospechaba alguna sutil reserva, algún ingenio emboscado, detrás de su lúcida franqueza.

1.5 Had Filby shown the model and explained the matter in the Time Traveller's words,

Si Filby hubiera mostrado el modelo y explicado el asunto con las palabras del Viajero del Tiempo,

we should have shown him far less scepticism.   1.6
le habríamos mostrado mucho menos escepticismo.

For we should have perceived his motives: 1.7
Porque habríamos percibido sus motivos:

a pork-butcher could understand Filby.   1.8
un charcutero podría entender a Filby.

But the Time Traveller had more than a touch of   1.9
whim among his elements,
Pero el Viajero del Tiempo tenía algo más que un toque de
capricho entre sus elementos,

and we distrusted him.   1.10
y desconfiamos de él.

Things that would have made the fame of a less clever   1.11
man seemed tricks in his hands.
Cosas que habrían hecho la fama de un hombre menos
inteligente parecían trucos en sus manos.

It is a mistake to do things too easily.   1.12
Es un error hacer las cosas con demasiada facilidad.

The serious people who took him seriously never felt   1.13
quite sure of his deportment;
Las personas serias que le tomaron en serio nunca se
sintieron muy seguras de su comportamiento;

they were somehow aware that trusting their   1.14
reputations for judgment with him was like
furnishing a nursery with eggshell china.
de algún modo eran conscientes de que confiar su
reputación de juicio a él era como amueblar un cuarto
infantil con vajilla de cáscara de huevo.

1.15 So I don't think any of us said very much about time travelling in the interval between that Thursday and the next, though its odd potentialities ran, no doubt, in most of our minds:

Así que no creo que ninguno de nosotros hablara mucho de viajar en el tiempo entre aquel jueves y el siguiente, aunque sus extrañas potencialidades rondaban, sin duda, por la mente de la mayoría de nosotros:

1.16 its plausibility, that is, its practical incredibleness, the curious possibilities of anachronism and of utter confusion it suggested.

su plausibilidad, es decir, su práctica incredulidad, las curiosas posibilidades de anacronismo y de confusión absoluta que sugería.

1.17 For my own part,

Por mi parte,

1.18 I was particularly preoccupied with the trick of the model.

estaba particularmente preocupado por el truco del modelo.

1.19 That I remember discussing with the Medical Man,

Recuerdo haber hablado de ello con el médico,

1.20 whom I met on Friday at the Linnæan.

con quien me reuní el viernes en el Linnæan.

1.21 He said he had seen a similar thing at Tübingen,

Me dijo que había visto algo parecido en Tubinga,

1.22 and laid considerable stress on the blowing-out of the candle.

y puso mucho énfasis en el soplido de la vela.

But how the trick was done he could not explain.   1.23
Pero no pudo explicar cómo se hizo el truco.

The next Thursday I went again to Richmond -   2.1
El jueves siguiente fui de nuevo a Richmond -

I suppose I was one of the Time Traveller's most constant guests -   2.2
supongo que era uno de los invitados más asiduos del Viajero del Tiempo -

and, arriving late, found four or five men already assembled in his drawing-room.   2.3
y, al llegar tarde, encontré a cuatro o cinco hombres ya reunidos en su salón.

The Medical Man was standing before the fire with a sheet of paper in one hand and his watch in the other.   2.4
El médico estaba de pie ante el fuego, con una hoja de papel en una mano y su reloj en la otra.

I looked round for the Time Traveller, and — "It's half-past seven now," said the Medical Man.   2.5
Miré a mi alrededor en busca del Viajero del Tiempo y ..."Ya son las siete y media," dijo el médico.

"I suppose we'd better have dinner."   2.6
"Supongo que será mejor que cenemos."

"Where's —— ?" said I, naming our host.   3.1
"¿Dónde está ...?" dije, nombrando a nuestro anfitrión.

"You've just come? It's rather odd.   4.1
"¿Acabas de venir? Es bastante extraño.

4.2 **He's unavoidably detained.**
Está inevitablemente retenido.

4.3 **He asks me in this note to lead off with dinner at seven if he's not back.**
Me pide en esta nota que le lleve a cenar a las siete si no vuelve.

4.4 **Says he'll explain when he comes."**
Dice que me lo explicará cuando venga."

5.1 **"It seems a pity to let the dinner spoil,"**
"Es una lástima que se eche a perder la cena,"

5.2 **said the Editor of a well-known daily paper; and thereupon the Doctor rang the bell.**
dijo el director de un conocido diario, y el doctor llamó al timbre.

6.1 **The Psychologist was the only person besides the Doctor and myself who had attended the previous dinner.**
El psicólogo era la única persona, aparte del doctor y de mí, que había asistido a la cena anterior.

6.2 **The other men were Blank, the Editor aforementioned, a certain journalist, and another -**
Los otros hombres eran Blank, el editor antes mencionado, cierto periodista y otro -

6.3 **a quiet, shy man with a beard -**
un hombre callado, tímido y con barba -

whom I didn't know, and who, as far as my observation went, never opened his mouth all the evening.

6.4

a quien no conocía y que, por lo que pude observar, no abrió la boca en toda la velada.

There was some speculation at the dinner-table about the Time Traveller's absence, and I suggested time travelling, in a half-jocular spirit.

6.5

En la mesa se especuló sobre la ausencia del Viajero del Tiempo, y yo sugerí viajar en el tiempo, con un espíritu medio bromista.

The Editor wanted that explained to him,

6.6

El director quiso que se lo explicaran,

and the Psychologist volunteered a wooden account of the

6.7

y el psicólogo se ofreció voluntario para relatar la

"ingenious paradox and trick"

6.8

"ingeniosa paradoja y truco"

we had witnessed that day week.

6.9

que habíamos presenciado aquel día de la semana.

He was in the midst of his exposition when the door from the corridor opened slowly and without noise.

6.10

Estaba en medio de su exposición cuando la puerta del pasillo se abrió lentamente y sin ruido.

I was facing the door, and saw it first. "Hallo!"

6.11

Yo estaba de cara a la puerta y lo vi primero. " ¡Hola!"

I said. "At last!" And the door opened wider,

6.12

dije. "¡Por fin!" Y la puerta se abrió más,

6.13 **and the Time Traveller stood before us.**
y el Viajero del Tiempo se plantó ante nosotros.

6.14 **I gave a cry of surprise. "Good heavens!**
Di un grito de sorpresa. "¡Santo cielo!

6.15 **man, what's the matter?" cried the Medical Man,**
¿Qué ocurre?" gritó el médico,

6.16 **who saw him next.**
que fue el siguiente en verlo.

6.17 **And the whole tableful turned towards the door.**
Y toda la mesa se volvió hacia la puerta.

7.1 **He was in an amazing plight.**
Estaba en un estado lamentable.

7.2 **His coat was dusty and dirty,**
Tenía el abrigo polvoriento y sucio,

7.3 **and smeared with green down the sleeves;**
manchado de verde por las mangas;

7.4 **his hair disordered, and as it seemed to me greyer —
either with dust and dirt or because its colour had
actually faded.**
el pelo desordenado y, según me pareció, más gris, bien
por el polvo y la suciedad, bien porque su color se había
desvanecido.

7.5 **His face was ghastly pale;**
Su rostro estaba espantosamente pálido;

7.6 **his chin had a brown cut on it — a cut half-healed;**
tenía un corte marrón en la barbilla, un corte a medio
cicatrizar;

his expression was haggard and drawn, 7.7
su expresión era demacrada y demacrada,

as by intense suffering. 7.8
como por un intenso sufrimiento.

For a moment he hesitated in the doorway, 7.9
Por un momento vaciló en la puerta,

as if he had been dazzled by the light. 7.10
como si le hubiera deslumbrado la luz.

Then he came into the room. 7.11
Luego entró en la habitación.

He walked with just such a limp as I have seen in 7.12
footsore tramps.
Caminaba cojeando, como he visto en vagabundos con los
pies destrozados.

We stared at him in silence, expecting him to speak. 7.13
Nos quedamos mirándole en silencio, esperando que
hablara.

He said not a word, but came painfully to the table, 8.1
and made a motion towards the wine.
No dijo ni una palabra, pero se acercó penosamente a la
mesa e hizo un gesto hacia el vino.

The Editor filled a glass of champagne, and pushed it 8.2
towards him.
El editor llenó una copa de champán y se la acercó.

8.3 He drained it, and it seemed to do him good: for he looked round the table, and the ghost of his old smile flickered across his face.

Se la bebió y pareció que le sentó bien, porque miró alrededor de la mesa y el fantasma de su antigua sonrisa se dibujó en su rostro.

8.4 "What on earth have you been up to, man?" said the Doctor.

"¿Qué demonios has estado haciendo?" dijo el Doctor.

8.5 The Time Traveller did not seem to hear.

El Viajero del Tiempo no pareció oírle.

8.6 "Don't let me disturb you," he said,

"No dejes que te moleste," dijo,

8.7 with a certain faltering articulation. "I'm all right."

con cierta articulación vacilante. "Estoy bien."

8.8 He stopped, held out his glass for more, and took it off at a draught.

Se detuvo, alargó el vaso para que le sirvieran más y se lo bebió de un trago.

8.9 "That's good," he said.

"Así está bien," dijo.

8.10 His eyes grew brighter, and a faint colour came into his cheeks.

Sus ojos se iluminaron y un tenue color apareció en sus mejillas.

His glance flickered over our faces with a certain dull approval, and then went round the warm and comfortable room.

8.11

Su mirada recorrió nuestros rostros con cierta aprobación sorda y luego recorrió la cálida y confortable habitación.

Then he spoke again,

8.12

Luego volvió a hablar,

still as it were feeling his way among his words.

8.13

todavía como tanteando el terreno entre sus palabras.

"I'm going to wash and dress,

8.14

"Voy a lavarme y vestirme,

and then I'll come down and explain things ...Save me some of that mutton.

8.15

y luego bajaré a explicarte las cosas ...Guárdame un poco de ese cordero.

I'm starving for a bit of meat."

8.16

Me muero de hambre por un poco de carne."

He looked across at the Editor, who was a rare visitor, and hoped he was all right.

9.1

Miró al director, que era un visitante poco habitual, y esperó que estuviera bien.

The Editor began a question. "Tell you presently,"

9.2

El redactor comenzó una pregunta. "Ahora se lo cuento,"

said the Time Traveller. "I'm — funny.

9.3

dijo el Viajero del Tiempo. "Soy gracioso.

Be all right in a minute."

9.4

Estaré bien en un minuto."

10.1 He put down his glass, and walked towards the staircase door.

Dejó el vaso y se dirigió hacia la puerta de la escalera.

10.2 Again I remarked his lameness and the soft padding sound of his footfall, and standing up in my place, I saw his feet as he went out.

Volví a notar su cojera y el suave sonido acolchado de sus pisadas, y levantándome en mi sitio, le vi los pies al salir.

10.3 He had nothing on them but a pair of tattered, blood-stained socks.

Sólo llevaba un par de calcetines andrajosos y manchados de sangre.

10.4 Then the door closed upon him. I had half a mind to follow,

La puerta se cerró sobre él. Estuve a punto de seguirle,

10.5 till I remembered how he detested any fuss about himself.

hasta que recordé que detestaba cualquier alboroto sobre sí mismo.

10.6 For a minute, perhaps, my mind was wool-gathering.

Durante un minuto, tal vez, mi mente se dedicó a acumular lana.

10.7 Then,

Entonces oí decir al director,

10.8 "Remarkable Behaviour of an Eminent Scientist,"

"Notable comportamiento de un eminente científico,"

10.9 I heard the Editor say, thinking (after his wont) in headlines.

pensando (según su costumbre) en titulares.

And this brought my attention back to the bright dinner-table. 10.10
Y esto me devolvió la atención a la brillante mesa.

"What's the game?" said the Journalist. 11.1
"¿A qué juega?" dijo el periodista.

"Has he been doing the Amateur Cadger? I don't follow." 11.2
"¿Ha estado haciendo el Amateur Cadger? No le sigo."

I met the eye of the Psychologist, 11.3
Me encontré con la mirada del Psicólogo,

and read my own interpretation in his face. 11.4
y leí mi propia interpretación en su rostro.

I thought of the Time Traveller limping painfully upstairs. 11.5
Pensé en el Viajero del Tiempo cojeando penosamente escaleras arriba.

I don't think anyone else had noticed his lameness. 11.6
Creo que nadie más se había dado cuenta de su cojera.

The first to recover completely from this surprise was the Medical Man, 12.1
El primero en recuperarse por completo de la sorpresa fue el Médico,

who rang the bell - 12.2
que hizo sonar el timbre -

the Time Traveller hated to have servants waiting at dinner - 12.3
el Viajero del Tiempo odiaba tener criados esperando a la hora de cenar -

12.4 **for a hot plate.**
para pedir un plato caliente.

12.5 **At that the Editor turned to his knife and fork with a grunt, and the Silent Man followed suit.**
Al oírlo, el Editor se volvió hacia el cuchillo y el tenedor con un gruñido, y el Hombre Silencioso hizo lo mismo.

12.6 **The dinner was resumed.**
Se reanudó la cena.

12.7 **Conversation was exclamatory for a little while with gaps of wonderment;**
La conversación fue exclamativa durante un rato con lagunas de asombro;

12.8 **and then the Editor got fervent in his curiosity.**
y entonces el Editor se puso ferviente en su curiosidad.

12.9 **"Does our friend eke out his modest income with a crossing?**
"¿Nuestro amigo mantiene sus modestos ingresos con una travesía?

12.10 **or has he his Nebuchadnezzar phases?" he inquired.**
o ¿tiene sus fases de Nabucodonosor?" inquirió.

12.11 **"I feel assured it's this business of the Time Machine,"**
"Estoy seguro de que se trata de este asunto de la Máquina del Tiempo,"

12.12 **I said,**
dije,

and took up the Psychologist's account of our previous meeting.

12.13

y retomé el relato del Psicólogo sobre nuestro encuentro anterior.

The new guests were frankly incredulous.

12.14

Los nuevos invitados se mostraron francamente incrédulos.

The Editor raised objections.

12.15

El Director planteó objeciones.

"What was this time travelling?

12.16

" ¿Qué era eso de viajar en el tiempo?

A man couldn't cover himself with dust by rolling in a paradox,

12.17

Un hombre no podría cubrirse de polvo rodando en una paradoja,

could he?"

12.18

¿verdad?"

And then, as the idea came home to him, he resorted to caricature.

12.19

Y entonces, cuando se le ocurrió la idea, recurrió a la caricatura.

Hadn't they any clothes-brushes in the Future?

12.20

¿No tenían cepillos para la ropa en el Futuro?

The Journalist too, would not believe at any price, and joined the Editor in the easy work of heaping ridicule on the whole thing.

12.21

El periodista tampoco quiso creer a cualquier precio, y se unió al editor en la fácil tarea de ridiculizar todo el asunto.

12.22 They were both the new kind of journalist — very
joyous,
Ambos eran la nueva clase de periodistas,

12.23 irreverent young men.
jóvenes muy alegres e irreverentes.

12.24 "Our Special Correspondent in the Day after
Tomorrow reports,"
"Nuestro corresponsal especial en Pasado Mañana
informa,"

12.25 the Journalist was saying - or rather shouting -
decía - o más bien gritaba -

12.26 when the Time Traveller came back.
el periodista cuando regresó el Viajero del Tiempo.

12.27 He was dressed in ordinary evening clothes,
Vestía un traje de noche normal y corriente,

12.28 and nothing save his haggard look remained of the
change that had startled me.
y del cambio que me había sorprendido sólo quedaba su
aspecto demacrado.

13.1 "I say," said the Editor hilariously,
"Digo yo," dijo el editor con hilaridad,

13.2 "these chaps here say you have been travelling into
the middle of next week!
"¡estos tipos de aquí dicen que has estado viajando hasta
mediados de la semana que viene!

13.3 Tell us all about little Rosebery, will you?
Cuéntenos todo sobre el pequeño Rosebery, ¿quiere?

What will you take for the lot?"

¿Qué te llevarás por el lote?"

The Time Traveller came to the place reserved for him without a word.

El Viajero del Tiempo llegó al lugar reservado para él sin mediar palabra.

He smiled quietly, in his old way.

Sonrió tranquilamente, a su antigua manera.

"Where's my mutton?" he said.

"¿Dónde está mi cordero?" dijo.

"What a treat it is to stick a fork into meat again!"

"¡Qué delicia volver a clavar un tenedor en la carne!"

"Story!" cried the Editor.

"¡Cuento!" gritó el editor.

"Story be damned!" said the Time Traveller.

"¡Al diablo con la historia!" dijo el Viajero del Tiempo.

"I want something to eat.

"Quiero comer algo.

I won't say a word until I get some peptone into my arteries.

No diré ni una palabra hasta que me llegue algo de peptona a las arterias.

Thanks. And the salt."

Gracias. Y la sal."

17.1 "One word," said I. "Have you been time travelling?"

"Una palabra," dije. "¿Has estado viajando en el tiempo?"

18.1 "Yes,"

"Sí,"

18.2 said the Time Traveller, with his mouth full, nodding his head.

dijo el Viajero del Tiempo, con la boca llena, asintiendo con la cabeza.

19.1 "I'd give a shilling a line for a verbatim note,"

"Daría un chelín por línea por una nota textual,"

19.2 said the Editor.

dijo el Editor.

19.3 The Time Traveller pushed his glass towards the Silent Man and rang it with his fingernail;

El Viajero del Tiempo empujó su vaso hacia el Hombre Silencioso y lo hizo sonar con la uña;

19.4 at which the Silent Man, who had been staring at his face, started convulsively, and poured him wine.

ante lo cual el Hombre Silencioso, que había estado mirándole fijamente a la cara, se sobresaltó convulsivamente y le sirvió vino.

19.5 The rest of the dinner was uncomfortable.

El resto de la cena fue incómodo.

19.6 For my own part, sudden questions kept on rising to my lips, and I dare say it was the same with the others.

Por mi parte, no dejaban de surgir preguntas repentinas en mis labios, y me atrevo a decir que lo mismo ocurría con los demás.

The Journalist tried to relieve the tension by telling anecdotes of Hettie Potter. 19.7

El Periodista intentó aliviar la tensión contando anécdotas de Hettie Potter.

The Time Traveller devoted his attention to his dinner, 19.8

El Viajero en el Tiempo dedicó su atención a la cena,

and displayed the appetite of a tramp. 19.9

y mostró el apetito de un vagabundo.

The Medical Man smoked a cigarette, and watched the Time Traveller through his eyelashes. 19.10

El Médico fumaba un cigarrillo y miraba al Viajero del Tiempo a través de las pestañas.

The Silent Man seemed even more clumsy than usual, 19.11

El Hombre Silencioso parecía aún más torpe que de costumbre,

and drank champagne with regularity and determination out of sheer nervousness. 19.12

y bebía champán con regularidad y determinación por puro nerviosismo.

At last the Time Traveller pushed his plate away, 19.13

Por fin,

and looked round us. 19.14

el Viajero del Tiempo apartó su plato y miró a nuestro alrededor.

"I suppose I must apologise," he said. 19.15

"Supongo que debo disculparme," dijo.

19.16 "I was simply starving. I've had a most amazing time."

"Me moría de hambre. Me lo he pasado muy bien."

19.17 He reached out his hand for a cigar, and cut the end.

Extendió la mano para coger un puro y cortó la punta.

19.18 "But come into the smoking-room.

"Pero venga a la sala de fumadores.

19.19 It's too long a story to tell over greasy plates."

Es una historia demasiado larga para contarla sobre platos grasientos."

19.20 And ringing the bell in passing, he led the way into the adjoining room.

Y, tocando el timbre al pasar, abrió paso a la habitación contigua.

20.1 "You have told Blank, and Dash, and Chose about the machine?"

"¿Le has hablado a Blank, a Dash y a Chose de la máquina?"

20.2 he said to me,

me dijo,

20.3 leaning back in his easy-chair and naming the three new guests.

reclinándose en su sillón y nombrando a los tres nuevos invitados.

21.1 "But the thing's a mere paradox," said the Editor.

"Pero la cosa es una mera paradoja," dijo el Editor.

22.1 "I can't argue tonight.

"No puedo discutir esta noche.

I don't mind telling you the story, but I can't argue. 22.2

No me importa contarte la historia, pero no puedo discutir.

I will," he went on, "tell you the story of what has happened to me, if you like, but you must refrain from interruptions. 22.3

Te contaré - continuó - la historia de lo que me ha ocurrido, si quieres, pero debes abstenerte de interrupciones.

I want to tell it. Badly. Most of it will sound like lying. 22.4

Quiero contarlo. Y mucho. La mayor parte sonará a mentira.

So be it! It's true — every word of it, all the same. 22.5

Pues que así sea! Es verdad, cada palabra, de todos modos.

I was in my laboratory at four o'clock, 22.6

Estaba en mi laboratorio a las cuatro en punto,

and since then ...I've lived eight days ...such days as no human being ever lived before! 22.7

y desde entonces ...he vivido ocho días ...¡días como ningún ser humano ha vivido jamás!

I'm nearly worn out, 22.8

Estoy casi agotado,

but I shan't sleep till I've told this thing over to you. 22.9

pero no dormiré hasta que te haya contado todo esto.

Then I shall go to bed. But no interruptions! 22.10

Entonces me iré a la cama. Pero sin interrupciones!

Is it agreed?" 22.11

¿De acuerdo?"

23.1 "Agreed," said the Editor, and the rest of us echoed

"De acuerdo," dijo el Editor, y los demás hicimos eco de

23.2 "Agreed."

"De acuerdo."

23.3 And with that the Time Traveller began his story as I have set it forth.

Y el Viajero del Tiempo comenzó su relato tal como lo he expuesto.

23.4 He sat back in his chair at first, and spoke like a weary man.

Al principio se sentó en su silla y habló como un hombre cansado.

23.5 Afterwards he got more animated.

Después se animó.

23.6 In writing it down I feel with only too much keenness the inadequacy of pen and ink -

Al escribirlo, siento con demasiada agudeza la insuficiencia de la pluma y la tinta -

23.7 and, above all, my own inadequacy -

y, sobre todo, mi propia insuficiencia -

23.8 to express its quality.

para expresar su calidad.

23.9 You read, I will suppose, attentively enough; but you cannot see the speaker's white, sincere face in the bright circle of the little lamp, nor hear the intonation of his voice.

Supongo que lees con suficiente atención, pero no puedes ver el rostro blanco y sincero del orador en el círculo brillante de la lamparita, ni oír la entonación de su voz.

You cannot know how his expression followed the turns of his story.

23.10

No puedes saber cómo su expresión seguía los giros de su historia.

Most of us hearers were in shadow, for the candles in the smoking-room had not been lighted, and only the face of the Journalist and the legs of the Silent Man from the knees downward were illuminated.

23.11

La mayoría de los oyentes estábamos en la sombra, pues las velas de la sala de fumadores no se habían encendido, y sólo estaban iluminados el rostro del periodista y las piernas del hombre silencioso desde las rodillas hacia abajo.

At first we glanced now and again at each other.

23.12

Al principio nos mirábamos de vez en cuando.

After a time we ceased to do that, and looked only at the Time Traveller's face.

23.13

Al cabo de un rato dejamos de hacerlo y nos limitamos a mirar el rostro del Viajero del Tiempo.

IV. Time Travelling

IV. Viajar en el tiempo

1.1 "I told some of you last Thursday of the principles of the Time Machine, and showed you the actual thing itself, incomplete in the workshop.

"El jueves pasado les hablé a algunos de ustedes de los principios de la Máquina del Tiempo y les mostré el aparato mismo, incompleto en el taller.

1.2 There it is now, a little travel-worn, truly;

Ahí está ahora, un poco desgastada por el viaje, la verdad;

1.3 and one of the ivory bars is cracked,

y una de las barras de marfil está agrietada,

1.4 and a brass rail bent; but the rest of it's sound enough.

y una barra de latón doblada; pero el resto está bastante bien.

I expected to finish it on Friday; but on Friday, when the putting together was nearly done, I found that one of the nickel bars was exactly one inch too short, and this I had to get remade; so that the thing was not complete until this morning.

Esperaba terminarlo el viernes, pero el viernes, cuando estaba casi terminado, descubrí que una de las barras de níquel era exactamente una pulgada más corta de lo normal, y tuve que rehacerla, de modo que no estuvo completo hasta esta mañana.

It was at ten o'clock today that the first of all Time Machines began its career.

Fue a las diez en punto de hoy cuando la primera de todas las Máquinas del Tiempo comenzó su carrera.

I gave it a last tap, tried all the screws again, put one more drop of oil on the quartz rod, and sat myself in the saddle.

Le di un último golpecito, probé de nuevo todos los tornillos, puse una gota más de aceite en la varilla de cuarzo y me senté en la silla.

I suppose a suicide who holds a pistol to his skull feels much the same wonder at what will come next as I felt then.

Supongo que un suicida que se apunta al cráneo con una pistola siente el mismo asombro ante lo que vendrá a continuación que yo sentí entonces.

I took the starting lever in one hand and the stopping one in the other, pressed the first, and almost immediately the second.

Tomé la palanca de arranque en una mano y la de parada en la otra, apreté la primera, y casi inmediatamente la segunda.

1.10 **I seemed to reel;**
Me pareció que me tambaleaba;

1.11 **I felt a nightmare sensation of falling;**
tuve una sensación de pesadilla al caer;

1.12 **and, looking round, I saw the laboratory exactly as before.**
y, al mirar a mi alrededor, vi el laboratorio exactamente igual que antes.

1.13 **Had anything happened?**
¿Había ocurrido algo?

1.14 **For a moment I suspected that my intellect had tricked me.**
Por un momento sospeché que mi intelecto me había engañado.

1.15 **Then I noted the clock.**
Entonces me fijé en el reloj.

1.16 **A moment before, as it seemed, it had stood at a minute or so past ten;**
Un momento antes, según parecía, había dado las diez y un minuto;

1.17 **now it was nearly half-past three!**
¡ahora eran casi las tres y media!

2.1 **"I drew a breath, set my teeth, gripped the starting lever with both hands, and went off with a thud.**
"Respiré hondo, apreté los dientes, agarré la palanca de arranque con las dos manos y salí disparado.

2.2 **The laboratory got hazy and went dark.**
El laboratorio se nubló y quedó a oscuras.

Mrs. Watchett came in and walked, apparently without seeing me, towards the garden door.   2.3
La señora Watchett entró y caminó, aparentemente sin verme, hacia la puerta del jardín.

I suppose it took her a minute or so to traverse the place,   2.4
Supongo que tardó más o menos un minuto en recorrer el lugar,

but to me she seemed to shoot across the room like a rocket.   2.5
pero a mí me pareció que atravesaba la habitación como un cohete.

I pressed the lever over to its extreme position.   2.6
Accioné la palanca hasta su posición extrema.

The night came like the turning out of a lamp,   2.7
La noche llegó como el apagado de una lámpara,

and in another moment came tomorrow.   2.8
y en otro momento llegó el mañana.

The laboratory grew faint and hazy,   2.9
El laboratorio se volvió tenue y brumoso,

then fainter and ever fainter.   2.10
luego más tenue y cada vez más tenue.

Tomorrow night came black, then day again, night again, day again, faster and faster still.   2.11
Mañana la noche se volvió negra, luego día otra vez, noche otra vez, día otra vez, cada vez más rápido.

2.12 **An eddying murmur filled my ears, and a strange, dumb confusedness descended on my mind.**
Un murmullo me llenó los oídos y una extraña y muda confusión se apoderó de mi mente.

3.1 **"I am afraid I cannot convey the peculiar sensations of time travelling.**
"Me temo que no puedo transmitir las peculiares sensaciones de viajar en el tiempo.

3.2 **They are excessively unpleasant.**
Son excesivamente desagradables.

3.3 **There is a feeling exactly like that one has upon a switchback — of a helpless headlong motion!**
Hay una sensación exactamente igual a la que se tiene al subir a una palanca de cambios: ¡un movimiento de cabeza impotente!

3.4 **I felt the same horrible anticipation, too, of an imminent smash.**
También sentí la misma horrible anticipación de un choque inminente.

3.5 **As I put on pace,**
A medida que avanzaba,

3.6 **night followed day like the flapping of a black wing.**
la noche seguía al día como el batir de un ala negra.

3.7 **The dim suggestion of the laboratory seemed presently to fall away from me, and I saw the sun hopping swiftly across the sky, leaping it every minute, and every minute marking a day.**
La tenue sugestión del laboratorio pareció alejarse pronto de mí, y vi que el sol saltaba velozmente por el cielo, saltándolo cada minuto, y cada minuto marcaba un día.

I supposed the laboratory had been destroyed and I had come into the open air. 3.8

Supuse que el laboratorio había sido destruido y que yo había salido al aire libre.

I had a dim impression of scaffolding, 3.9

Tuve una vaga impresión de andamios,

but I was already going too fast to be conscious of any moving things. 3.10

pero ya iba demasiado deprisa para ser consciente de nada que se moviera.

The slowest snail that ever crawled dashed by too fast for me. 3.11

El caracol más lento que jamás se haya arrastrado pasó demasiado deprisa para mí.

The twinkling succession of darkness and light was excessively painful to the eye. 3.12

La titilante sucesión de oscuridad y luz era excesivamente dolorosa para la vista.

Then, in the intermittent darknesses, I saw the moon spinning swiftly through her quarters from new to full, and had a faint glimpse of the circling stars. 3.13

Entonces, en la oscuridad intermitente, vi la luna girar rápidamente a través de sus cuartos, de nueva a llena, y tuve una débil visión de las estrellas dando vueltas.

Presently, as I went on, still gaining velocity, the palpitation of night and day merged into one continuous greyness; 3.14

Luego, a medida que avanzaba, ganando aún velocidad, la palpitación de la noche y el día se fundieron en una grisura continua;

3.15 **the sky took on a wonderful deepness of blue,**
el cielo adquirió una maravillosa profundidad de azul,

3.16 **a splendid luminous colour like that of early twilight;**
un espléndido color luminoso como el del crepúsculo temprano;

3.17 **the jerking sun became a streak of fire, a brilliant arch, in space;**
el sol tembloroso se convirtió en un rayo de fuego, un arco brillante, en el espacio;

3.18 **the moon a fainter fluctuating band;**
la luna en una banda fluctuante más débil;

3.19 **and I could see nothing of the stars,**
y yo no podía ver nada de las estrellas,

3.20 **save now and then a brighter circle flickering in the blue.**
excepto de vez en cuando un círculo más brillante parpadeando en el azul.

4.1 **"The landscape was misty and vague.**
"El paisaje era brumoso y vago.

4.2 **I was still on the hillside upon which this house now stands,**
Yo estaba todavía en la ladera de la colina sobre la que ahora se alza esta casa,

4.3 **and the shoulder rose above me grey and dim.**
y el hombro se alzaba sobre mí gris y tenue.

I saw trees growing and changing like puffs of vapour, now brown, now green; 4.4

Vi árboles que crecían y cambiaban como bocanadas de vapor, ahora marrones, ahora verdes;

they grew, spread, shivered, and passed away. 4.5

crecían, se extendían, temblaban y desaparecían.

I saw huge buildings rise up faint and fair, 4.6

Vi enormes edificios que se alzaban tenues y hermosos,

and pass like dreams. 4.7

y pasaban como sueños.

The whole surface of the earth seemed changed — melting and flowing under my eyes. 4.8

Toda la superficie de la tierra parecía cambiada, fundiéndose y fluyendo bajo mis ojos.

The little hands upon the dials that registered my speed raced round faster and faster. 4.9

Las manecillas de los relojes que registraban mi velocidad giraban cada vez más deprisa.

Presently I noted that the sun belt swayed up and down, from solstice to solstice, in a minute or less, and that consequently my pace was over a year a minute; 4.10

En un momento me di cuenta de que el cinturón solar se balanceaba arriba y abajo, de solsticio a solsticio, en un minuto o menos, y que por consiguiente mi ritmo era de más de un año por minuto;

4.11 and minute by minute the white snow flashed across the world, and vanished, and was followed by the bright, brief green of spring.

y minuto a minuto la blanca nieve destellaba por el mundo, y desaparecía, y era seguida por el brillante y breve verde de la primavera.

5.1 "The unpleasant sensations of the start were less poignant now.

"Las desagradables sensaciones del principio eran ahora menos conmovedoras.

5.2 They merged at last into a kind of hysterical exhilaration.

Al final se fundieron en una especie de euforia histérica.

5.3 I remarked, indeed, a clumsy swaying of the machine, for which I was unable to account.

Observé, en efecto, un torpe balanceo de la máquina, que no supe explicar.

5.4 But my mind was too confused to attend to it, so with a kind of madness growing upon me, I flung myself into futurity.

Pero mi mente estaba demasiado confusa para prestarle atención, así que con una especie de locura creciente sobre mí, me lancé hacia el futuro.

5.5 At first I scarce thought of stopping,

Al principio apenas pensé en detenerme,

5.6 scarce thought of anything but these new sensations.

apenas pensé en otra cosa que no fueran estas nuevas sensaciones.

But presently a fresh series of impressions grew up in my mind -

5.7

Pero pronto una nueva serie de impresiones creció en mi mente -

a certain curiosity and therewith a certain dread -

5.8

una cierta curiosidad y con ella un cierto temor -

until at last they took complete possession of me.

5.9

hasta que al fin se apoderaron completamente de mí.

What strange developments of humanity, what wonderful advances upon our rudimentary civilisation, I thought, might not appear when I came to look nearly into the dim elusive world that raced and fluctuated before my eyes!

5.10

¡Qué extraños desarrollos de la humanidad, qué maravillosos avances sobre nuestra rudimentaria civilización, pensé, no aparecerían cuando llegase a mirar de cerca el tenue y escurridizo mundo que corría y fluctuaba ante mis ojos!

I saw great and splendid architecture rising about me, more massive than any buildings of our own time, and yet, as it seemed, built of glimmer and mist.

5.11

Vi una arquitectura grande y espléndida que se alzaba a mi alrededor, más maciza que cualquiera de los edificios de nuestra época, y sin embargo, según parecía, construida de brillo y niebla.

I saw a richer green flow up the hillside, and remain there, without any wintry intermission.

5.12

Vi un verde más intenso fluir por la ladera de la colina y permanecer allí, sin ninguna interrupción invernal.

5.13 **Even through the veil of my confusion the earth seemed very fair.**

Incluso a través del velo de mi confusión, la tierra parecía muy hermosa.

5.14 **And so my mind came round to the business of stopping.**

Y entonces mi mente volvió al asunto de detenerme.

6.1 **"The peculiar risk lay in the possibility of my finding some substance in the space which I, or the machine, occupied.**

"El riesgo peculiar residía en la posibilidad de que encontrara alguna sustancia en el espacio que yo, o la máquina, ocupábamos.

6.2 **So long as I travelled at a high velocity through time,**

Mientras viajara a gran velocidad en el tiempo,

6.3 **this scarcely mattered:**

esto apenas importaba:

6.4 **I was, so to speak, attenuated — was slipping like a vapour through the interstices of intervening substances!**

Yo estaba, por así decirlo, atenuado, me deslizaba como un vapor a través de los intersticios de las sustancias intermedias!

6.5 **But to come to a stop involved the jamming of myself, molecule by molecule, into whatever lay in my way;**

Pero detenerme implicaba atascarme, molécula a molécula, en cualquier cosa que se interpusiera en mi camino;

meant bringing my atoms into such intimate contact
with those of the obstacle that a profound chemical
reaction — possibly a far-reaching explosion —
would result, and blow myself and my apparatus
out of all possible dimensions — into the Unknown.

6.6

significaba poner mis átomos en contacto tan íntimo con
los del obstáculo, que se produciría una profunda reacción
química - posiblemente una explosión de gran alcance -
que me haría volar a mí y a mi aparato fuera de todas las
dimensiones posibles, hacia lo Desconocido.

This possibility had occurred to me again and again
while I was making the machine;

6.7

Esta posibilidad se me había ocurrido una y otra vez
mientras fabricaba la máquina;

but then I had cheerfully accepted it as an
unavoidable risk — one of the risks a man has got
to take! Now the risk was inevitable,

6.8

pero entonces la había aceptado alegremente como un
riesgo inevitable,

I no longer saw it in the same cheerful light.

6.9

uno de los riesgos que un hombre tiene que correr.

The fact is that, insensibly, the absolute strangeness
of everything, the sickly jarring and swaying of the
machine, above all, the feeling of prolonged falling,
had absolutely upset my nerves.

6.10

Ahora que el riesgo era inevitable, ya no lo veía con la
misma alegría.

I told myself that I could never stop, and with a gust
of petulance I resolved to stop forthwith.

6.11

El hecho es que, insensiblemente, la absoluta extrañeza
de todo, el enfermizo traqueteo y balanceo de la máquina,
sobre todo, la sensación de caída prolongada, me habían
trastornado absolutamente los nervios.

6.12 Like an impatient fool, I lugged over the lever, and incontinently the thing went reeling over, and I was flung headlong through the air. .

Me dije a mí mismo que nunca podría parar, y con una ráfaga de petulancia resolví detenerme de inmediato. Como un tonto impaciente, tiré de la palanca, e incontinentemente la cosa se tambaleó, y fui lanzado de cabeza por el aire.

7.1 "There was the sound of a clap of thunder in my ears.

"Se oyó en mis oídos el sonido de un trueno.

7.2 I may have been stunned for a moment.

Me quedé aturdido por un momento.

7.3 A pitiless hail was hissing round me,

Un granizo despiadado silbaba a mi alrededor,

7.4 and I was sitting on soft turf in front of the overset machine.

y yo estaba sentado sobre un césped blando delante de la máquina desbordada.

7.5 Everything still seemed grey,

Todo seguía pareciendo gris,

7.6 but presently I remarked that the confusion in my ears was gone.

pero enseguida me di cuenta de que la confusión de mis oídos había desaparecido.

7.7 I looked round me.

Miré a mi alrededor.

I was on what seemed to be a little lawn in a garden, surrounded by rhododendron bushes, and I noticed that their mauve and purple blossoms were dropping in a shower under the beating of the hailstones. 7.8

Estaba en lo que parecía ser un pequeño césped de un jardín, rodeado de arbustos de rododendro, y me di cuenta de que sus flores malvas y púrpuras caían en una lluvia bajo los golpes del granizo.

The rebounding, dancing hail hung in a little cloud over the machine, and drove along the ground like smoke. 7.9

El rebote y la danza del granizo se cernían en una pequeña nube sobre la máquina y se deslizaban por el suelo como humo.

In a moment I was wet to the skin. 7.10

En un momento me mojé hasta la piel.

'Fine hospitality,' said I, 'to a man who has travelled innumerable years to see you.' 7.11

Bonita hospitalidad," dije, "para un hombre que ha viajado innumerables años para verte."

"Presently I thought what a fool I was to get wet. 8.1

"En ese momento pensé que había sido una tonta al mojarme.

I stood up and looked round me. 8.2

Me levanté y miré a mi alrededor.

A colossal figure, carved apparently in some white stone, loomed indistinctly beyond the rhododendrons through the hazy downpour. 8.3

Una figura colosal, esculpida aparentemente en alguna piedra blanca, asomaba indistintamente más allá de los rododendros a través del aguacero nebuloso.

8.4　But all else of the world was invisible.
Pero el resto del mundo era invisible.

9.1　"My sensations would be hard to describe.
"Mis sensaciones serían difíciles de describir.

9.2　As the columns of hail grew thinner,
Cuando las columnas de granizo se hicieron más delgadas,

9.3　I saw the white figure more distinctly. It was very large,
vi la figura blanca con más claridad. Era muy grande,

9.4　for a silver birch-tree touched its shoulder.
pues un abedul plateado le tocaba el hombro.

9.5　It was of white marble, in shape something like a winged sphinx, but the wings, instead of being carried vertically at the sides, were spread so that it seemed to hover.
Era de mármol blanco, con una forma parecida a la de una esfinge alada, pero las alas, en vez de estar colocadas verticalmente a los lados, estaban desplegadas, de modo que parecía flotar.

9.6　The pedestal, it appeared to me, was of bronze, and was thick with verdigris.
El pedestal, según me pareció, era de bronce y estaba cubierto de verdín.

9.7　It chanced that the face was towards me;
El rostro estaba orientado hacia mí;

9.8　the sightless eyes seemed to watch me;
los ojos, sin vista, parecían observarme;

there was the faint shadow of a smile on the lips.   9.9
en los labios se dibujaba la débil sombra de una sonrisa.

It was greatly weather-worn,   9.10
Estaba muy desgastado por el tiempo,

and that imparted an unpleasant suggestion of   9.11
disease.
lo que le daba un desagradable aire de enfermedad.

I stood looking at it for a little space — half a minute,   9.12
perhaps, or half an hour.
Me quedé mirándolo durante un rato, medio minuto, tal
vez, o media hora.

It seemed to advance and to recede as the hail drove   9.13
before it denser or thinner.
Parecía avanzar y retroceder a medida que el granizo se
hacía más denso o más fino.

At last I tore my eyes from it for a moment, and saw   9.14
that the hail curtain had worn threadbare, and that
the sky was lightening with the promise of the sun.
Por fin aparté los ojos de él un momento y vi que la cortina
de granizo se había desvanecido y que el cielo se iluminaba
con la promesa del sol.

"I looked up again at the crouching white shape,   10.1
"Levanté de nuevo la vista hacia la blanca figura agazapada,

and the full temerity of my voyage came suddenly   10.2
upon me.
y la temeridad de mi viaje se apoderó de mí.

10.3 **What might appear when that hazy curtain was altogether withdrawn?**

¿Qué podría aparecer cuando aquella brumosa cortina se retirase por completo?

10.4 **What might not have happened to men?**

¿Qué no les habría sucedido a los hombres?

10.5 **What if cruelty had grown into a common passion?**

¿Y si la crueldad se hubiera convertido en una pasión común?

10.6 **What if in this interval the race had lost its manliness, and had developed into something inhuman, unsympathetic, and overwhelmingly powerful?**

¿Y si en ese intervalo la raza hubiera perdido su hombría y se hubiera convertido en algo inhumano, insolidario y abrumadoramente poderoso?

10.7 **I might seem some old-world savage animal, only the more dreadful and disgusting for our common likeness — a foul creature to be incontinently slain.**

Yo podría parecer un animal salvaje del viejo mundo, sólo que más espantoso y repugnante por nuestra semejanza común, una criatura repugnante a la que matar incontinentemente.

11.1 **"Already I saw other vast shapes — huge buildings with intricate parapets and tall columns,**

"Ya veía otras formas inmensas: edificios enormes con intrincados parapetos y altas columnas,

11.2 **with a wooded hillside dimly creeping in upon me through the lessening storm.**

con una ladera boscosa que se deslizaba tenuemente hacia mí a través de la tormenta que amainaba.

I was seized with a panic fear. 11.3

El pánico se apoderó de mí.

I turned frantically to the Time Machine, and strove 11.4
hard to readjust it.

Me volví frenéticamente hacia la Máquina del Tiempo y me
esforcé por reajustarla.

As I did so the shafts of the sun smote through the 11.5
thunderstorm.

Mientras lo hacía, los rayos del sol se abrieron paso a través
de la tormenta.

The grey downpour was swept aside and vanished 11.6
like the trailing garments of a ghost.

El aguacero gris fue barrido y se desvaneció como las
vestiduras de un fantasma.

Above me, in the intense blue of the summer sky, 11.7
some faint brown shreds of cloud whirled into
nothingness.

Sobre mí, en el intenso azul del cielo estival, algunos tenues
jirones marrones de nubes se arremolinaban en la nada.

The great buildings about me stood out clear and 11.8
distinct, shining with the wet of the thunderstorm,
and picked out in white by the unmelted hailstones
piled along their courses.

Los grandes edificios que me rodeaban se veían claros
y nítidos, brillantes por la humedad de la tormenta y
resaltados en blanco por las piedras de granizo sin derretir
que se amontonaban a lo largo de su recorrido.

I felt naked in a strange world. 11.9

Me sentía desnudo en un mundo extraño.

I felt as perhaps a bird may feel in the clear air, 11.10

Me sentí como un pájaro en el aire claro,

11.11 **knowing the hawk wings above and will swoop.**
sabiendo que un halcón alzaba el vuelo y se abalanzaba
sobre él.

11.12 **My fear grew to frenzy.**
Mi miedo se convirtió en frenesí.

11.13 **I took a breathing space, set my teeth, and again
grappled fiercely, wrist and knee, with the machine.**
Me tomé un respiro, apreté los dientes y volví a forcejear
ferozmente, con las muñecas y las rodillas, con la máquina.

11.14 **It gave under my desperate onset and turned over.**
La máquina cedió ante mi desesperada embestida y se dio la
vuelta.

11.15 **It struck my chin violently.**
Me golpeó violentamente en la barbilla.

11.16 **One hand on the saddle, the other on the lever, I
stood panting heavily in attitude to mount again.**
Con una mano en el sillín y la otra en la palanca, me quedé
jadeando en actitud de volver a montar.

12.1 **"But with this recovery of a prompt retreat my
courage recovered.**
"Pero con esta recuperación de una pronta retirada mi
valor se recuperó.

12.2 **I looked more curiously and less fearfully at this
world of the remote future.**
Miré con más curiosidad y menos temor este mundo del
futuro remoto.

In a circular opening, high up in the wall of the nearer house, I saw a group of figures clad in rich soft robes.

En una abertura circular, en lo alto del muro de la casa más cercana, vi un grupo de figuras vestidas con ricas y suaves túnicas.

12.3

They had seen me, and their faces were directed towards me.

Me habían visto y sus rostros se dirigían hacia mí.

12.4

"Then I heard voices approaching me.

"Entonces oí voces que se acercaban a mí.

13.1

Coming through the bushes by the White Sphinx were the heads and shoulders of men running.

Por entre los arbustos, junto a la Esfinge Blanca, se veían cabezas y hombros de hombres que corrían.

13.2

One of these emerged in a pathway leading straight to the little lawn upon which I stood with my machine.

Uno de ellos apareció en un sendero que conducía directamente al pequeño césped sobre el que yo estaba con mi máquina.

13.3

He was a slight creature — perhaps four feet high — clad in a purple tunic, girdled at the waist with a leather belt.

Era una criatura delgada, de un metro y medio de estatura, vestido con una túnica púrpura ceñida a la cintura con un cinturón de cuero.

13.4

Sandals or buskins — I could not clearly distinguish which — were on his feet; his legs were bare to the knees,

Llevaba en los pies sandalias o pañuelos - no pude distinguir con claridad-,

13.5

13.6 **and his head was bare.**
las piernas desnudas hasta las rodillas y la cabeza descubierta.

13.7 **Noticing that,**
Al notarlo,

13.8 **I noticed for the first time how warm the air was.**
me di cuenta por primera vez de lo cálido que era el aire.

14.1 **"He struck me as being a very beautiful and graceful creature,**
"Me pareció una criatura muy hermosa y agraciada,

14.2 **but indescribably frail.**
pero indescriptiblemente frágil.

14.3 **His flushed face reminded me of the more beautiful kind of consumptive — that hectic beauty of which we used to hear so much.**
Su rostro enrojecido me recordaba al tipo más bello de enfermo de tuberculosis, esa belleza agitada de la que tanto oímos hablar.

14.4 **At the sight of him I suddenly regained confidence.**
Al verle, recobré de pronto la confianza.

14.5 **I took my hands from the machine.**
Aparté las manos de la máquina.

V. In the Golden Age

V. En la Edad de Oro

1.1 "In another moment we were standing face to face,
"En otro momento estábamos frente a frente,

1.2 I and this fragile thing out of futurity.
yo y esta frágil cosa salida de la futuridad.

1.3 He came straight up to me and laughed into my eyes.
Se acercó a mí y se rió mirándome a los ojos.

1.4 The absence from his bearing of any sign of fear struck me at once.
La ausencia de cualquier signo de miedo en su porte me impresionó de inmediato.

1.5 Then he turned to the two others who were following him and spoke to them in a strange and very sweet and liquid tongue.
Luego se volvió hacia los otros dos que le seguían y les habló en una lengua extraña, muy dulce y líquida.

2.1 "There were others coming,
"Vinieron otros,

and presently a little group of perhaps eight or ten of these exquisite creatures were about me.

2.2

y al poco rato un pequeño grupo de unas ocho o diez de estas exquisitas criaturas estaba a mi alrededor.

One of them addressed me.

2.3

Uno de ellos se dirigió a mí.

It came into my head, oddly enough, that my voice was too harsh and deep for them.

2.4

Me vino a la cabeza, extrañamente, que mi voz era demasiado áspera y grave para ellos.

So I shook my head, and, pointing to my ears, shook it again.

2.5

Así que sacudí la cabeza y, señalándome las orejas, volví a sacudirla.

He came a step forward, hesitated, and then touched my hand.

2.6

Se acercó un paso, vaciló y luego me tocó la mano.

Then I felt other soft little tentacles upon my back and shoulders.

2.7

Entonces sentí otros tentáculos suaves en la espalda y los hombros.

They wanted to make sure I was real.

2.8

Querían asegurarse de que yo era real.

There was nothing in this at all alarming.

2.9

No había nada alarmante en ello.

2.10 **Indeed, there was something in these pretty little people that inspired confidence — a graceful gentleness, a certain childlike ease.**

De hecho, había algo en aquellas preciosas personitas que inspiraba confianza: una graciosa dulzura, una cierta facilidad infantil.

2.11 **And besides,**

Además,

2.12 **they looked so frail that I could fancy myself flinging the whole dozen of them about like ninepins.**

parecían tan frágiles que me imaginaba lanzando a toda la docena como si fueran bolos.

2.13 **But I made a sudden motion to warn them when I saw their little pink hands feeling at the Time Machine.**

Pero hice un movimiento repentino para advertirles cuando vi sus manitas rosadas palpando la Máquina del Tiempo.

2.14 **Happily then, when it was not too late, I thought of a danger I had hitherto forgotten, and reaching over the bars of the machine I unscrewed the little levers that would set it in motion, and put these in my pocket.**

Afortunadamente, cuando aún no era demasiado tarde, me acordé de un peligro que hasta entonces había olvidado, y acercándome a los barrotes de la máquina desenrosqué las palanquitas que la ponían en marcha y me las guardé en el bolsillo.

2.15 **Then I turned again to see what I could do in the way of communication.**

Luego me volví para ver qué podía hacer para comunicarme.

"And then, looking more nearly into their features, I saw some further peculiarities in their Dresden china type of prettiness.

3.1

"Y luego, observando más detenidamente sus rasgos, vi algunas peculiaridades más en su belleza tipo porcelana de Dresde.

Their hair, which was uniformly curly, came to a sharp end at the neck and cheek;

3.2

Su pelo, uniformemente rizado, terminaba en punta en el cuello y las mejillas;

there was not the faintest suggestion of it on the face,

3.3

no había ni la más leve insinuación de pelo en la cara,

and their ears were singularly minute.

3.4

y sus orejas eran singularmente diminutas.

The mouths were small, with bright red, rather thin lips, and the little chins ran to a point.

3.5

Las bocas eran pequeñas, con labios rojos brillantes y más bien finos, y las barbillas pequeñas y puntiagudas.

The eyes were large and mild;

3.6

Los ojos eran grandes y apacibles;

and - this may seem egotism on my part -

3.7

y - esto puede parecer egoísmo por mi parte -

I fancied even that there was a certain lack of the interest I might have expected in them.

3.8

me pareció incluso que había en ellos una cierta falta del interés que yo hubiera podido esperar.

4.1 "As they made no effort to communicate with me, but simply stood round me smiling and speaking in soft cooing notes to each other, I began the conversation.

"Como no hicieron ningún esfuerzo por comunicarse conmigo, sino que se limitaron a permanecer de pie a mi alrededor sonriendo y hablando entre ellos con suaves arrullos, inicié la conversación.

4.2 I pointed to the Time Machine and to myself.

Señalé la Máquina del Tiempo y a mí mismo.

4.3 Then, hesitating for a moment how to express Time, I pointed to the sun.

Luego, dudando por un momento cómo expresar el Tiempo, señalé al sol.

4.4 At once a quaintly pretty little figure in chequered purple and white followed my gesture, and then astonished me by imitating the sound of thunder.

Al instante, una figurita pintorescamente bonita, vestida de púrpura y blanco a cuadros, siguió mi gesto, y luego me asombró imitando el sonido de un trueno.

5.1 "For a moment I was staggered,

"Por un momento me quedé perplejo,

5.2 though the import of his gesture was plain enough.

aunque el significado de su gesto era bastante evidente.

5.3 The question had come into my mind abruptly:

La pregunta había surgido en mi mente de repente:

5.4 were these creatures fools?

¿eran tontas estas criaturas?

You may hardly understand how it took me.   5.5

Quizá no entiendas cómo me sorprendió.

You see, I had always anticipated that the people   5.6
of the year Eight Hundred and Two Thousand odd
would be incredibly in front of us in knowledge, art,
everything.

Verás, yo siempre había previsto que la gente del
año Ochocientos Dos Mil impares nos aventajaría
increíblemente en conocimientos, arte, en todo.

Then one of them suddenly asked me a question that   5.7
showed him to be on the intellectual level of one of
our five-year-old children — asked me, in fact, if I had
come from the sun in a thunderstorm!

Entonces, de repente, uno de ellos me hizo una pregunta
que demostraba que estaba al nivel intelectual de uno de
nuestros niños de cinco años: ¡me preguntó, de hecho, si yo
había venido del sol en una tormenta!

It let loose the judgment I had suspended upon their   5.8
clothes, their frail light limbs, and fragile features.

Dejó escapar el juicio que había suspendido sobre sus ropas,
sus frágiles miembros ligeros y sus facciones frágiles.

A flow of disappointment rushed across my mind.   5.9

Una corriente de decepción se apoderó de mi mente.

For a moment I felt that I had built the Time Machine   5.10
in vain.

Por un momento sentí que había construido la Máquina del
Tiempo en vano.

6.1 "I nodded, pointed to the sun, and gave them such a vivid rendering of a thunderclap as startled them.

"Asentí con la cabeza, señalé al sol y les hice una representación tan vívida de un trueno que se sobresaltaron.

6.2 They all withdrew a pace or so and bowed.

Todos se retiraron un paso y se inclinaron.

6.3 Then came one laughing towards me, carrying a chain of beautiful flowers altogether new to me, and put it about my neck.

Luego vino uno riendo hacia mí, llevando una cadena de hermosas flores totalmente nuevas para mí, y me la puso en el cuello.

6.4 The idea was received with melodious applause; and presently they were all running to and fro for flowers, and laughingly flinging them upon me until I was almost smothered with blossom.

La idea fue recibida con un melodioso aplauso, y al poco rato todos corrían de un lado a otro en busca de flores, y me las arrojaban riendo hasta que casi me asfixiaban de flores.

6.5 You who have never seen the like can scarcely imagine what delicate and wonderful flowers countless years of culture had created.

Vosotros, que nunca habéis visto algo semejante, apenas podéis imaginar qué flores tan delicadas y maravillosas habían creado incontables años de cultivo.

Then someone suggested that their plaything should
be exhibited in the nearest building, and so I was
led past the sphinx of white marble, which had
seemed to watch me all the while with a smile at my
astonishment, towards a vast grey edifice of fretted
stone.

6.6

Entonces alguien sugirió que su juguete fuera exhibido en
el edificio más cercano, y así me condujeron más allá de la
esfinge de mármol blanco, que había parecido observarme
todo el tiempo con una sonrisa ante mi asombro, hacia un
vasto edificio gris de piedra calada.

As I went with them the memory of my confident
anticipations of a profoundly grave and intellectual
posterity came, with irresistible merriment, to my
mind.

6.7

Mientras iba con ellos, me vino a la mente, con irresistible
alegría, el recuerdo de mis confiadas anticipaciones de una
posteridad profundamente grave e intelectual.

"The building had a huge entry,

7.1

"El edificio tenía una entrada enorme,

and was altogether of colossal dimensions.

7.2

y era en conjunto de dimensiones colosales.

I was naturally most occupied with the growing
crowd of little people,

7.3

Naturalmente,

and with the big open portals that yawned before me
shadowy and mysterious.

7.4

yo estaba más ocupado con la creciente multitud de gente
menuda y con los grandes portales abiertos que bostezaban
ante mí sombríos y misteriosos.

7.5 **My general impression of the world I saw over their heads was a tangled waste of beautiful bushes and flowers,**

Mi impresión general del mundo que veía por encima de sus cabezas era la de un enmarañado desperdicio de hermosos arbustos y flores,

7.6 **a long neglected and yet weedless garden.**

un jardín descuidado durante mucho tiempo y aún sin maleza.

7.7 **I saw a number of tall spikes of strange white flowers,**

Vi varias espigas altas de extrañas flores blancas,

7.8 **measuring a foot perhaps across the spread of the waxen petals.**

que medían unos treinta centímetros por la extensión de los pétalos de cera.

7.9 **They grew scattered, as if wild, among the variegated shrubs, but, as I say, I did not examine them closely at this time.**

Crecían esparcidas, como silvestres, entre los abigarrados arbustos, pero, como digo, no las examiné de cerca en aquel momento.

7.10 **The Time Machine was left deserted on the turf among the rhododendrons.**

La Máquina del Tiempo quedó abandonada sobre el césped, entre los rododendros.

"The arch of the doorway was richly carved, but 8.1
naturally I did not observe the carving very narrowly,
though I fancied I saw suggestions of old Phœnician
decorations as I passed through, and it struck me that
they were very badly broken and weather-worn.

"El arco de la puerta estaba ricamente tallado, pero,
naturalmente, no me fijé mucho en las tallas, aunque me
pareció ver, al pasar, sugerencias de antiguas decoraciones
fenicias, y me pareció que estaban muy rotas y desgastadas
por el tiempo.

Several more brightly clad people met me in the 8.2
doorway, and so we entered, I, dressed in dingy
nineteenth-century garments, looking grotesque
enough, garlanded with flowers, and surrounded by
an eddying mass of bright, soft-coloured robes and
shining white limbs, in a melodious whirl of laughter
and laughing speech.

Varias personas más, vestidas con ropas brillantes, se
reunieron conmigo en la puerta, y así entramos, yo, vestido
con ropas sucias del siglo XIX, con un aspecto bastante
grotesco, adornado con guirnaldas de flores, y rodeado de
una masa arremolinada de túnicas brillantes y de colores
suaves y de miembros blancos y brillantes, en un melodioso
torbellino de risas y palabras risueñas.

"The big doorway opened into a proportionately great 9.1
hall hung with brown.

"La gran puerta se abría a un vestíbulo proporcionalmente
grande y colgado de marrón.

The roof was in shadow, and the windows, partially 9.2
glazed with coloured glass and partially unglazed,
admitted a tempered light.

El techo estaba en sombra, y las ventanas, en parte
acristaladas con vidrios de colores y en parte sin acristalar,
admitían una luz templada.

9.3 The floor was made up of huge blocks of some very hard white metal, not plates nor slabs — blocks, and it was so much worn, as I judged by the going to and fro of past generations, as to be deeply channelled along the more frequented ways.

El suelo estaba formado por enormes bloques de un metal blanco muy duro, no planchas ni losas, y estaba tan desgastado, según juzgué por el ir y venir de las generaciones pasadas, que estaba profundamente canalizado a lo largo de los caminos más frecuentados.

9.4 Transverse to the length were innumerable tables made of slabs of polished stone, raised, perhaps, a foot from the floor, and upon these were heaps of fruits.

Transversalmente a lo largo había innumerables mesas hechas de losas de piedra pulida, elevadas, tal vez, un palmo del suelo, y sobre ellas había montones de frutas.

9.5 Some I recognised as a kind of hypertrophied raspberry and orange,

Reconocí algunas como una especie de frambuesas y naranjas hipertrofiadas,

9.6 but for the most part they were strange.

pero en su mayor parte eran extrañas.

10.1 "Between the tables was scattered a great number of cushions.

"Entre las mesas había esparcidos un gran número de cojines.

10.2 Upon these my conductors seated themselves, signing for me to do likewise.

Mis conductores se sentaron en ellos y me hicieron señas para que yo hiciera lo mismo.

With a pretty absence of ceremony they began to eat the fruit with their hands, flinging peel and stalks, and so forth, into the round openings in the sides of the tables. 10.3

Con bastante falta de ceremonia empezaron a comer la fruta con las manos, arrojando cáscaras y tallos, etc., en las aberturas redondas de los lados de las mesas.

I was not loath to follow their example, 10.4

No tuve reparo en seguir su ejemplo,

for I felt thirsty and hungry. 10.5

pues me sentía sediento y hambriento.

As I did so I surveyed the hall at my leisure. 10.6

Mientras lo hacía, observé la sala a mi antojo.

"And perhaps the thing that struck me most was its dilapidated look. 11.1

"Y quizá lo que más me llamó la atención fue su aspecto ruinoso.

The stained-glass windows, which displayed only a geometrical pattern, were broken in many places, and the curtains that hung across the lower end were thick with dust. 11.2

Las vidrieras, que sólo mostraban un dibujo geométrico, estaban rotas en muchos sitios, y las cortinas que colgaban en la parte inferior estaban llenas de polvo.

And it caught my eye that the corner of the marble table near me was fractured. 11.3

Y me llamó la atención que la esquina de la mesa de mármol que tenía cerca estaba fracturada.

Nevertheless, 11.4

Sin embargo,

11.5 the general effect was extremely rich and
picturesque.
el efecto general era extremadamente rico y pintoresco.

11.6 There were, perhaps, a couple of hundred people
dining in the hall, and most of them, seated as near
to me as they could come, were watching me with
interest, their little eyes shining over the fruit they
were eating.
Había, tal vez, un par de centenares de personas cenando en
el salón, y la mayoría de ellas, sentadas lo más cerca de mí
que podían acercarse, me observaban con interés, con sus
ojillos brillando sobre la fruta que estaban comiendo.

11.7 All were clad in the same soft, and yet strong, silky
material.
Todos iban vestidos con el mismo material suave, pero
fuerte y sedoso.

12.1 "Fruit, by the bye, was all their diet.
"La fruta, por cierto, era toda su dieta.

12.2 These people of the remote future were strict
vegetarians, and while I was with them, in spite of
some carnal cravings, I had to be frugivorous also.
Esta gente del futuro remoto era vegetariana estricta,
y mientras estuve con ellos, a pesar de algunos antojos
carnales, tuve que ser frugívoro también.

12.3 Indeed, I found afterwards that horses, cattle, sheep,
dogs, had followed the Ichthyosaurus into extinction.
En efecto, más tarde descubrí que caballos, vacas, ovejas y
perros habían seguido al Ichthyosaurus en la extinción.

12.4 But the fruits were very delightful;
Pero las frutas eran muy deliciosas;

one, in particular, that seemed to be in season all the
time I was there -

12.5

una, en particular, que parecía estar en temporada todo el
tiempo que estuve allí -

a floury thing in a three-sided husk -

12.6

una cosa harinosa en una cáscara de tres lados -

was especially good, and I made it my staple.

12.7

era especialmente buena, y la convertí en mi alimento
básico.

At first I was puzzled by all these strange fruits, and
by the strange flowers I saw, but later I began to
perceive their import.

12.8

Al principio me extrañaban todas aquellas extrañas frutas y
las extrañas flores que veía, pero más tarde empecé a darme
cuenta de su importancia.

"However,

13.1

"Sin embargo,

I am telling you of my fruit dinner in the distant
future now.

13.2

ahora os hablo de mi cena de frutas en un futuro lejano.

So soon as my appetite was a little checked,

13.3

Tan pronto como mi apetito estuvo un poco controlado,

I determined to make a resolute attempt to learn the
speech of these new men of mine.

13.4

decidí hacer un decidido intento por aprender el habla de
estos nuevos hombres míos.

Clearly that was the next thing to do.

13.5

Estaba claro que eso era lo siguiente que había que hacer.

13.6 The fruits seemed a convenient thing to begin upon,
Las frutas me parecieron un buen punto de partida,

13.7 and holding one of these up I began a series of interrogative sounds and gestures.
y levantando una de ellas comencé una serie de sonidos y gestos interrogativos.

13.8 I had some considerable difficulty in conveying my meaning.
Me costó bastante transmitir lo que quería decir.

13.9 At first my efforts met with a stare of surprise or inextinguishable laughter, but presently a fair-haired little creature seemed to grasp my intention and repeated a name.
Al principio, mis esfuerzos se encontraron con una mirada de sorpresa o una risa inextinguible, pero pronto una criaturita rubia pareció comprender mi intención y repitió un nombre.

13.10 They had to chatter and explain the business at great length to each other, and my first attempts to make the exquisite little sounds of their language caused an immense amount of genuine, if uncivil, amusement.
Tuvieron que parlotear y explicarse el asunto largo y tendido, y mis primeros intentos de emitir los pequeños y exquisitos sonidos de su lengua causaron una inmensa diversión genuina, aunque incivil.

13.11 However, I felt like a schoolmaster amidst children, and persisted, and presently I had a score of noun substantives at least at my command;
Sin embargo, me sentí como un maestro de escuela en medio de niños, y persistí, y pronto tuve al menos una veintena de sustantivos a mi disposición;

and then I got to demonstrative pronouns,   13.12
y luego llegué a los pronombres demostrativos,

and even the verb 'to eat.'   13.13
e incluso al verbo "comer."

But it was slow work, and the little people soon tired   13.14
and wanted to get away from my interrogations, so I
determined, rather of necessity, to let them give their
lessons in little doses when they felt inclined.
Pero era un trabajo lento, y los pequeños se cansaban
pronto y querían huir de mis interrogatorios, así que decidí,
más bien por necesidad, dejarles que dieran sus lecciones
en pequeñas dosis cuando se sintieran inclinados.

And very little doses I found they were before long,   13.15
Y pronto me di cuenta de que eran pequeñas dosis,

for I never met people more indolent or more easily   13.16
fatigued.
porque nunca había conocido a gente más indolente o que
se fatigara con más facilidad.

VI. The Sunset of Mankind

VI. El ocaso de la humanidad

1.1 "A queer thing I soon discovered about my little hosts, and that was their lack of interest.

"Pronto descubrí algo extraño en mis pequeños anfitriones: su falta de interés.

1.2 They would come to me with eager cries of astonishment, like children, but, like children they would soon stop examining me, and wander away after some other toy.

Se acercaban a mí con ansiosos gritos de asombro, como niños, pero, como niños, pronto dejaban de examinarme y se alejaban tras algún otro juguete.

1.3 The dinner and my conversational beginnings ended,

Terminada la cena y mis comienzos de conversación,

1.4 I noted for the first time that almost all those who had surrounded me at first were gone.

noté por primera vez que casi todos los que me habían rodeado al principio se habían ido.

It is odd, too, how speedily I came to disregard these little people.

1.5

Es extraño, también, lo rápido que llegué a despreciar a estas personitas.

I went out through the portal into the sunlit world again as soon as my hunger was satisfied.

1.6

Volví a salir por el portal al mundo iluminado por el sol en cuanto sacié mi hambre.

I was continually meeting more of these men of the future, who would follow me a little distance, chatter and laugh about me, and, having smiled and gesticulated in a friendly way, leave me again to my own devices.

1.7

Continuamente me encontraba con más de estos hombres del futuro, que me seguían a poca distancia, charlaban y se reían de mí y, después de sonreír y gesticular amistosamente, me abandonaban de nuevo a mi suerte.

"The calm of evening was upon the world as I emerged from the great hall,

2.1

"La calma del atardecer se cernía sobre el mundo cuando salí del gran salón,

and the scene was lit by the warm glow of the setting sun.

2.2

y la escena estaba iluminada por el cálido resplandor del sol poniente.

At first things were very confusing.

2.3

Al principio todo era muy confuso.

Everything was so entirely different from the world I had known — even the flowers.

2.4

Todo era tan diferente del mundo que había conocido, incluso las flores.

2.5 The big building I had left was situated on the slope of a broad river valley, but the Thames had shifted, perhaps, a mile from its present position.

El gran edificio que había dejado estaba situado en la ladera de un amplio valle fluvial, pero el Támesis se había desplazado, tal vez, una milla desde su posición actual.

2.6 I resolved to mount to the summit of a crest, perhaps a mile and a half away, from which I could get a wider view of this our planet in the year Eight Hundred and Two Thousand Seven Hundred and One, A.D. For that, I should explain, was the date the little dials of my machine recorded.

Resolví subir a la cima de una cresta, tal vez a una milla y media de distancia, desde la cual podría obtener una vista más amplia de este nuestro planeta en el año Ochocientos Dos Mil Setecientos Uno, A.D. Porque ésa, debía explicar, era la fecha que registraban los pequeños diales de mi máquina.

3.1 "As I walked I was watching for every impression that could possibly help to explain the condition of ruinous splendour in which I found the world — for ruinous it was.

"Mientras caminaba, buscaba cualquier impresión que pudiera ayudarme a explicar el estado de ruinoso esplendor en que encontraba el mundo, pues ruinoso era.

A little way up the hill, for instance, was a great heap
of granite, bound together by masses of aluminium,
a vast labyrinth of precipitous walls and crumpled
heaps, amidst which were thick heaps of very
beautiful pagoda-like plants — nettles possibly —
but wonderfully tinted with brown about the leaves,
and incapable of stinging.

3.2

Un poco más arriba de la colina, por ejemplo, había un gran
montón de granito, unido por masas de aluminio, un vasto
laberinto de paredes escarpadas y montones arrugados, en
medio de los cuales había espesos montones de plantas muy
hermosas parecidas a pagodas - hormigueros posiblemente-
, pero maravillosamente teñidas de marrón en las hojas e
incapaces de picar.

It was evidently the derelict remains of some vast
structure, to what end built I could not determine.

3.3

Evidentemente, se trataba de los restos abandonados de una
vasta estructura, cuya finalidad no podía determinar.

It was here that I was destined, at a later date, to have
a very strange experience — the first intimation of a
still stranger discovery — but of that I will speak in its
proper place.

3.4

Fue aquí donde, más tarde, estaba destinado a tener
una experiencia muy extraña, el primer indicio de un
descubrimiento aún más extraño, pero de eso hablaré en su
debido lugar.

"Looking round, with a sudden thought, from a
terrace on which I rested for a while, I realised that
there were no small houses to be seen.

4.1

"Mirando a mi alrededor, con un pensamiento repentino,
desde una terraza en la que descansé un rato, me di cuenta
de que no se veía ninguna casita.

4.2   Apparently the single house, and possibly even the household, had vanished.

Al parecer, la casa única, y posiblemente incluso el hogar, habían desaparecido.

4.3   Here and there among the greenery were palace-like buildings, but the house and the cottage, which form such characteristic features of our own English landscape, had disappeared.

Aquí y allá, entre la vegetación, había edificios parecidos a palacios, pero la casa y el cottage, que constituyen rasgos tan característicos de nuestro paisaje inglés, habían desaparecido.

5.1   "'Communism,' said I to myself.

"'Comunismo,' me dije.

6.1   "And on the heels of that came another thought.

"Y tras eso vino otro pensamiento.

6.2   I looked at the half-dozen little figures that were following me.

Miré a la media docena de pequeñas figuras que me seguían.

6.3   Then, in a flash, I perceived that all had the same form of costume, the same soft hairless visage, and the same girlish rotundity of limb.

Entonces, en un instante, percibí que todas tenían la misma forma de vestir, el mismo rostro suave y sin pelo, y la misma rotundidad femenina de miembros.

6.4   It may seem strange, perhaps, that I had not noticed this before.

Puede parecer extraño que no me hubiera dado cuenta de esto antes.

But everything was so strange. 6.5
Pero todo era tan extraño.

Now, I saw the fact plainly enough. 6.6
Ahora lo veía claramente.

In costume, and in all the differences of texture and 6.7
bearing that now mark off the sexes from each other,
these people of the future were alike.
En el traje, y en todas las diferencias de textura y porte que
ahora distinguen a los sexos entre sí, estas personas del
futuro eran iguales.

And the children seemed to my eyes to be but the 6.8
miniatures of their parents.
Y los niños me parecían las miniaturas de sus padres.

I judged then that the children of that time were 6.9
extremely precocious, physically at least, and I found
afterwards abundant verification of my opinion.
Juzgué entonces que los niños de aquella época eran
extremadamente precoces, al menos físicamente, y más
tarde encontré abundante confirmación de mi opinión.

"Seeing the ease and security in which these people 7.1
were living, I felt that this close resemblance of the
sexes was after all what one would expect;
"Al ver la tranquilidad y seguridad en que vivía esta gente,
sentí que esta estrecha semejanza de los sexos era, después
de todo, lo que uno esperaría;

7.2 for the strength of a man and the softness of a woman, the institution of the family, and the differentiation of occupations are mere militant necessities of an age of physical force.

porque la fuerza del hombre y la suavidad de la mujer, la institución de la familia y la diferenciación de las ocupaciones son meras necesidades militantes de una época de fuerza física.

7.3 Where population is balanced and abundant,

Cuando la población es equilibrada y abundante,

7.4 much childbearing becomes an evil rather than a blessing to the State;

la procreación se convierte en un mal más que en una bendición para el Estado;

7.5 where violence comes but rarely and offspring are secure,

cuando la violencia es escasa y la descendencia está asegurada,

7.6 there is less necessity - indeed there is no necessity -

hay menos necesidad - de hecho, no hay necesidad -

7.7 for an efficient family,

de una familia eficiente,

7.8 and the specialisation of the sexes with reference to their children's needs disappears.

y la especialización de los sexos en relación con las necesidades de sus hijos desaparece.

7.9 We see some beginnings of this even in our own time,

Vemos algunos comienzos de esto incluso en nuestro propio tiempo, and in this future age it was complete. 7.10

y en esta edad futura fue completa.

This, I must remind you, was my speculation at the 7.11
time.

Esto, debo recordarlo, era mi especulación en aquel
momento.

Later, 7.12

Más tarde,

I was to appreciate how far it fell short of the reality. 7.13

me di cuenta de lo lejos que estaba de la realidad.

"While I was musing upon these things, my attention 8.1
was attracted by a pretty little structure, like a well
under a cupola.

"Mientras meditaba sobre estas cosas, atrajo mi atención
una bonita y pequeña estructura, como un pozo bajo una
cúpula.

I thought in a transitory way of the oddness of wells 8.2
still existing,

Pensé transitoriamente en lo extraño de que aún existieran
pozos,

and then resumed the thread of my speculations. 8.3

y luego reanudé el hilo de mis especulaciones.

There were no large buildings towards the top of 8.4
the hill, and as my walking powers were evidently
miraculous, I was presently left alone for the first
time.

No había grandes edificios hacia la cima de la colina, y
como mis facultades para caminar eran evidentemente
milagrosas, en seguida me quedé solo por primera vez.

8.5 With a strange sense of freedom and adventure I pushed on up to the crest.

Con una extraña sensación de libertad y aventura, subí hasta la cima.

9.1 "There I found a seat of some yellow metal that I did not recognise, corroded in places with a kind of pinkish rust and half smothered in soft moss, the arm-rests cast and filed into the resemblance of griffins' heads.

"Allí encontré un asiento de un metal amarillo que no reconocí, corroído en algunas partes por una especie de óxido rosáceo y medio cubierto de musgo blando, con los apoyabrazos moldeados y limados en forma de cabeza de grifo.

9.2 I sat down on it, and I surveyed the broad view of our old world under the sunset of that long day.

Me senté en él y contemplé la amplia vista de nuestro viejo mundo bajo el ocaso de aquel largo día.

9.3 It was as sweet and fair a view as I have ever seen.

Era una vista tan dulce y hermosa como jamás había visto.

9.4 The sun had already gone below the horizon and the west was flaming gold,

El sol ya había descendido por debajo del horizonte y el oeste era de un dorado flamígero,

9.5 touched with some horizontal bars of purple and crimson.

tocado con algunas barras horizontales de púrpura y carmesí.

9.6 Below was the valley of the Thames,

Abajo estaba el valle del Támesis,

in which the river lay like a band of burnished steel. 9.7
en el que el río se extendía como una banda de acero
bruñido.

I have already spoken of the great palaces dotted 9.8
about among the variegated greenery,
Ya he hablado de los grandes palacios que salpicaban el
abigarrado verdor,

some in ruins and some still occupied. 9.9
algunos en ruinas y otros aún ocupados.

Here and there rose a white or silvery figure in the 9.10
waste garden of the earth,
Aquí y allá se alzaba una figura blanca o plateada en el
jardín baldío de la tierra,

here and there came the sharp vertical line of some 9.11
cupola or obelisk.
aquí y allá aparecía la aguda línea vertical de alguna cúpula
u obelisco.

There were no hedges, no signs of proprietary rights, 9.12
no evidences of agriculture;
No había setos, ni signos de derechos de propiedad, ni
evidencias de agricultura;

the whole earth had become a garden. 9.13
toda la tierra se había convertido en un jardín.

"So watching, I began to put my interpretation upon 10.1
the things I had seen, and as it shaped itself to me
that evening, my interpretation was something in
this way.
"Así que, observando, empecé a poner mi interpretación
sobre las cosas que había visto, y tal como se formó para mí
esa noche, mi interpretación fue algo de esta manera.

10.2 (Afterwards I found I had got only a half truth — or only a glimpse of one facet of the truth.)

(Después descubrí que sólo había obtenido una verdad a medias, o sólo un atisbo de una faceta de la verdad.)

11.1 "It seemed to me that I had happened upon humanity upon the wane.

"Me pareció encontrarme con una humanidad en decadencia.

11.2 The ruddy sunset set me thinking of the sunset of mankind.

El rojizo atardecer me hizo pensar en el ocaso de la humanidad.

11.3 For the first time I began to realise an odd consequence of the social effort in which we are at present engaged.

Por primera vez empecé a darme cuenta de una extraña consecuencia del esfuerzo social en el que estamos comprometidos actualmente.

11.4 And yet, come to think, it is a logical consequence enough.

Y sin embargo, pensándolo bien, es una consecuencia bastante lógica.

11.5 Strength is the outcome of need;

La fuerza es el resultado de la necesidad;

11.6 security sets a premium on feebleness.

la seguridad prima sobre la debilidad.

11.7 The work of ameliorating the conditions of life -

El trabajo de mejorar las condiciones de vida -

the true civilising process that makes life more and more secure -

11.8

el verdadero proceso civilizador que hace que la vida sea cada vez más segura -

had gone steadily on to a climax.

11.9

había llegado a su punto culminante.

One triumph of a united humanity over Nature had followed another.

11.10

Un triunfo de la humanidad unida sobre la Naturaleza había seguido a otro.

Things that are now mere dreams had become projects deliberately put in hand and carried forward.

11.11

Cosas que ahora son meros sueños se habían convertido en proyectos deliberadamente puestos en marcha y llevados adelante.

And the harvest was what I saw.

11.12

Y la cosecha fue lo que vi.

"After all,

12.1

"Después de todo,

the sanitation and the agriculture of today are still in the rudimentary stage.

12.2

la sanidad y la agricultura de hoy están todavía en una etapa rudimentaria.

12.3 The science of our time has attacked but a little department of the field of human disease, but, even so, it spreads its operations very steadily and persistently.

La ciencia de nuestro tiempo no ha atacado más que un pequeño departamento del campo de las enfermedades humanas, pero, aun así, extiende sus operaciones muy firme y persistentemente.

12.4 Our agriculture and horticulture destroy a weed just here and there and cultivate perhaps a score or so of wholesome plants,

Nuestra agricultura y horticultura destruyen una mala hierba aquí y allá y cultivan tal vez una veintena de plantas sanas,

12.5 leaving the greater number to fight out a balance as they can.

dejando que la mayoría luche por el equilibrio como pueda.

12.6 We improve our favourite plants and animals -

Mejoramos nuestras plantas y animales favoritos -

12.7 and how few they are - gradually by selective breeding;

y qué pocos son - gradualmente mediante la cría selectiva;

12.8 now a new and better peach, now a seedless grape, now a sweeter and larger flower, now a more convenient breed of cattle.

ahora un melocotón nuevo y mejor, ahora una uva sin semillas, ahora una flor más dulce y más grande, ahora una raza de ganado más conveniente.

We improve them gradually, because our ideals are vague and tentative, and our knowledge is very limited;

12.9

Los mejoramos gradualmente, porque nuestros ideales son vagos y tentativos, y nuestro conocimiento es muy limitado;

because Nature, too, is shy and slow in our clumsy hands.

12.10

porque la Naturaleza, también, es tímida y lenta en nuestras torpes manos.

Some day all this will be better organised, and still better.

12.11

Algún día todo esto estará mejor organizado, y aún mejor.

That is the drift of the current in spite of the eddies.

12.12

Esa es la deriva de la corriente a pesar de los remolinos.

The whole world will be intelligent, educated, and co-operating;

12.13

El mundo entero será inteligente, educado y cooperativo;

things will move faster and faster towards the subjugation of Nature.

12.14

las cosas avanzarán cada vez más rápido hacia el sometimiento de la Naturaleza.

In the end,

12.15

Al final,

wisely and carefully we shall readjust the balance of animal and vegetable life to suit our human needs.

12.16

sabia y cuidadosamente reajustaremos el equilibrio de la vida animal y vegetal para adaptarlo a nuestras necesidades humanas.

13.1 "This adjustment, I say, must have been done, and done well;

"Este ajuste, digo, debe haber sido hecho, y bien hecho;

13.2 done indeed for all Time,

hecho de hecho para todo el Tiempo,

13.3 in the space of Time across which my machine had leapt.

en el espacio de Tiempo a través del cual mi máquina había saltado.

13.4 The air was free from gnats,

El aire estaba libre de mosquitos,

13.5 the earth from weeds or fungi;

la tierra de malas hierbas u hongos;

13.6 everywhere were fruits and sweet and delightful flowers;

por todas partes había frutas y flores dulces y deliciosas;

13.7 brilliant butterflies flew hither and thither.

brillantes mariposas volaban de aquí para allá.

13.8 The ideal of preventive medicine was attained.

Se había alcanzado el ideal de la medicina preventiva.

13.9 Diseases had been stamped out.

Las enfermedades habían sido erradicadas.

13.10 I saw no evidence of any contagious diseases during all my stay.

Durante toda mi estancia no vi indicios de ninguna enfermedad contagiosa.

And I shall have to tell you later that even the processes of putrefaction and decay had been profoundly affected by these changes.

13.11

Y tendré que decirles más tarde que incluso los procesos de putrefacción y descomposición se habían visto profundamente afectados por estos cambios.

"Social triumphs, too, had been effected.

14.1

"También se habían logrado triunfos sociales.

I saw mankind housed in splendid shelters, gloriously clothed, and as yet I had found them engaged in no toil.

14.2

Vi a la humanidad alojada en espléndidos refugios, gloriosamente vestida, y hasta entonces no la había encontrado ocupada en ningún trabajo.

There were no signs of struggle,

14.3

No había signos de lucha,

neither social nor economical struggle.

14.4

ni social ni económica.

The shop, the advertisement, traffic, all that commerce which constitutes the body of our world, was gone.

14.5

La tienda, el anuncio, el tráfico, todo ese comercio que constituye el cuerpo de nuestro mundo, había desaparecido.

It was natural on that golden evening that I should jump at the idea of a social paradise.

14.6

Era natural que en aquella tarde dorada me asaltara la idea de un paraíso social.

14.7 The difficulty of increasing population had been met, I guessed, and population had ceased to increase.

La dificultad de aumentar la población había sido superada, supuse, y la población había dejado de aumentar.

15.1 "But with this change in condition comes inevitably adaptations to the change.

"Pero con este cambio de condición vienen inevitablemente las adaptaciones al cambio.

15.2 What, unless biological science is a mass of errors, is the cause of human intelligence and vigour?

¿Cuál es, a menos que la ciencia biológica sea un cúmulo de errores, la causa de la inteligencia y el vigor humanos?

15.3 Hardship and freedom:

La penuria y la libertad:

15.4 conditions under which the active, strong, and subtle survive and the weaker go to the wall;

condiciones bajo las cuales los activos, fuertes y sutiles sobreviven y los más débiles se hunden;

15.5 conditions that put a premium upon the loyal alliance of capable men, upon self-restraint, patience, and decision.

condiciones que ponen un precio a la alianza leal de hombres capaces, a la autocontención, la paciencia y la decisión.

And the institution of the family, and the emotions 15.6
that arise therein, the fierce jealousy, the tenderness
for offspring, parental self-devotion, all found their
justification and support in the imminent dangers of
the young.

Y la institución de la familia, y las emociones que surgen
en ella, los celos feroces, la ternura por la descendencia, la
abnegación paterna, todo encontró su justificación y apoyo
en los peligros inminentes de los jóvenes.

Now, where are these imminent dangers? 15.7

Ahora bien, ¿dónde están esos peligros inminentes?

There is a sentiment arising, and it will grow, against 15.8
connubial jealousy, against fierce maternity, against
passion of all sorts;

Está surgiendo un sentimiento, y crecerá, contra los celos
conyugales, contra la maternidad feroz, contra la pasión de
todo tipo;

unnecessary things now, and things that make 15.9
us uncomfortable, savage survivals, discords in a
refined and pleasant life.

cosas innecesarias ahora, y cosas que nos incomodan,
supervivencias salvajes, discordias en una vida refinada y
agradable.

"I thought of the physical slightness of the people, 16.1
their lack of intelligence, and those big abundant
ruins, and it strengthened my belief in a perfect
conquest of Nature.

"Pensé en la delgadez física de la gente, en su falta de
inteligencia y en esas grandes y abundantes ruinas, y
eso reforzó mi creencia en una conquista perfecta de la
Naturaleza.

16.2 For after the battle comes Quiet.

Porque después de la batalla viene el Silencio.

16.3 Humanity had been strong, energetic, and intelligent, and had used all its abundant vitality to alter the conditions under which it lived.

La Humanidad había sido fuerte, enérgica e inteligente, y había utilizado toda su abundante vitalidad para alterar las condiciones en que vivía.

16.4 And now came the reaction of the altered conditions.

Y ahora vino la reacción de las condiciones alteradas.

17.1 "Under the new conditions of perfect comfort and security, that restless energy, that with us is strength, would become weakness.

"En las nuevas condiciones de comodidad y seguridad perfectas, esa energía inquieta, que para nosotros es fuerza, se convertiría en debilidad.

17.2 Even in our own time certain tendencies and desires, once necessary to survival, are a constant source of failure.

Incluso en nuestra época, ciertas tendencias y deseos, antaño necesarios para la supervivencia, son una fuente constante de fracasos.

17.3 Physical courage and the love of battle, for instance, are no great help -

El valor físico y el amor por la batalla, por ejemplo, no son de gran ayuda -

17.4 may even be hindrances - to a civilised man.

incluso pueden ser obstáculos - para un hombre civilizado.

And in a state of physical balance and security, power, intellectual as well as physical, would be out of place. 17.5

Y en un estado de equilibrio físico y seguridad, el poder, tanto intelectual como físico, estaría fuera de lugar.

For countless years I judged there had been no danger of war or solitary violence, no danger from wild beasts, no wasting disease to require strength of constitution, no need of toil. 17.6

Durante incontables años juzgué que no había habido peligro de guerra o violencia solitaria, ni peligro de bestias salvajes, ni enfermedades que requirieran fuerza de constitución, ni necesidad de trabajo.

For such a life, what we should call the weak are as well equipped as the strong, are indeed no longer weak. 17.7

Para una vida así, los que deberíamos llamar débiles están tan bien equipados como los fuertes, de hecho ya no son débiles.

Better equipped indeed they are, for the strong would be fretted by an energy for which there was no outlet. 17.8

De hecho, están mejor equipados, porque los fuertes se verían desbordados por una energía para la que no hay salida.

17.9 No doubt the exquisite beauty of the buildings I saw was the outcome of the last surgings of the now purposeless energy of mankind before it settled down into perfect harmony with the conditions under which it lived — the flourish of that triumph which began the last great peace.

Sin duda, la exquisita belleza de los edificios que vi era el resultado de las últimas intervenciones de la energía de la humanidad, ahora sin propósito, antes de que se estableciera en perfecta armonía con las condiciones en las que vivía, el florecimiento de ese triunfo que inició la última gran paz.

17.10 This has ever been the fate of energy in security;

Este ha sido siempre el destino de la energía en la seguridad;

17.11 it takes to art and to eroticism,

lleva al arte y al erotismo,

17.12 and then come languor and decay.

y luego vienen la languidez y la decadencia.

18.1 "Even this artistic impetus would at last die away — had almost died in the Time I saw.

"Incluso este ímpetu artístico moriría al fin: casi había muerto en el Tiempo que vi.

18.2 To adorn themselves with flowers, to dance, to sing in the sunlight:

Adornarse con flores, bailar, cantar a la luz del sol:

18.3 so much was left of the artistic spirit, and no more.

tanto quedaba del espíritu artístico, y nada más.

Even that would fade in the end into a contented inactivity.

18.4

Incluso eso se desvanecería al final en una satisfecha inactividad.

We are kept keen on the grindstone of pain and necessity,

18.5

Nos mantenemos afilados sobre la piedra de afilar del dolor y la necesidad,

and it seemed to me that here was that hateful grindstone broken at last!

18.6

¡y me pareció que aquí estaba esa odiosa piedra de afilar rota al fin!

"As I stood there in the gathering dark I thought that in this simple explanation I had mastered the problem of the world — mastered the whole secret of these delicious people.

19.1

"Mientras permanecía allí, en la penumbra, pensé que con aquella sencilla explicación había resuelto el problema del mundo, había desentrañado todo el secreto de aquel delicioso pueblo.

Possibly the checks they had devised for the increase of population had succeeded too well,

19.2

Posiblemente los controles que habían ideado para el aumento de la población habían tenido demasiado éxito,

and their numbers had rather diminished than kept stationary.

19.3

y su número había disminuido en lugar de mantenerse estacionario.

That would account for the abandoned ruins.

19.4

Eso explicaría las ruinas abandonadas.

19.5 **Very simple was my explanation,**
Mi explicación era muy sencilla y bastante plausible,

19.6 **and plausible enough — as most wrong theories are.**
como lo son la mayoría de las teorías erróneas.

VII. A Sudden Shock

VII. Un choque repentino

1.1 "As I stood there musing over this too perfect triumph of man, the full moon, yellow and gibbous, came up out of an overflow of silver light in the north-east.

"Mientras estaba allí meditando sobre este triunfo demasiado perfecto del hombre, la luna llena, amarilla y gibosa, salió de un desbordamiento de luz plateada en el noreste.

1.2 The bright little figures ceased to move about below, a noiseless owl flitted by, and I shivered with the chill of the night.

Las pequeñas figuras brillantes dejaron de moverse abajo, un búho silencioso pasó revoloteando, y yo temblé con el frío de la noche.

1.3 I determined to descend and find where I could sleep.

Decidí descender y encontrar un lugar donde dormir.

2.1 "I looked for the building I knew.

"Busqué el edificio que conocía.

Then my eye travelled along to the figure of the White Sphinx upon the pedestal of bronze, 2.2
Luego mi vista se dirigió a la figura de la Esfinge Blanca sobre el pedestal de bronce,

growing distinct as the light of the rising moon grew brighter. 2.3
que se distinguía cada vez mejor a medida que la luz de la luna creciente se hacía más brillante.

I could see the silver birch against it. 2.4
Podía ver el abedul plateado contra ella.

There was the tangle of rhododendron bushes, black in the pale light, and there was the little lawn. 2.5
Allí estaba la maraña de arbustos de rododendro, negros bajo la pálida luz, y allí estaba el pequeño césped.

I looked at the lawn again. 2.6
Volví a mirar el césped.

A queer doubt chilled my complacency. 2.7
Una extraña duda heló mi complacencia.

'No,' said I stoutly to myself, 'that was not the lawn.' 2.8
No," me dije con firmeza, "ése no era el césped."

"But it was the lawn. 3.1
"Pero era el césped.

For the white leprous face of the sphinx was towards it. 3.2
Porque la cara blanca y leprosa de la esfinge estaba hacia él.

3.3 Can you imagine what I felt as this conviction came home to me?

¿Puedes imaginar lo que sentí cuando me llegó esta convicción?

3.4 But you cannot. The Time Machine was gone!

Pero no puedes. ¡La Máquina del Tiempo había desaparecido!

4.1 "At once, like a lash across the face, came the possibility of losing my own age, of being left helpless in this strange new world.

"Al instante, como un latigazo en la cara, llegó la posibilidad de perder mi propia edad, de quedar desamparado en este extraño mundo nuevo.

4.2 The bare thought of it was an actual physical sensation.

El mero hecho de pensarlo me producía una sensación física.

4.3 I could feel it grip me at the throat and stop my breathing.

Sentía que me atenazaba la garganta y me impedía respirar.

4.4 In another moment I was in a passion of fear and running with great leaping strides down the slope.

En otro momento estaba presa del miedo y corría a grandes saltos ladera abajo.

4.5 Once I fell headlong and cut my face;

Una vez me caí de cabeza y me hice un corte en la cara;

I lost no time in stanching the blood, but jumped up and ran on, with a warm trickle down my cheek and chin. 4.6

no perdí tiempo en contener la sangre, sino que me levanté de un salto y seguí corriendo, con un goteo caliente por la mejilla y la barbilla.

All the time I ran I was saying to myself: 4.7

Mientras corría me decía a mí mismo:

'They have moved it a little, 4.8

"Lo han movido un poco,

pushed it under the bushes out of the way.' 4.9

lo han empujado bajo los arbustos para que no estorbe."

Nevertheless, I ran with all my might. 4.10

Sin embargo, corrí con todas mis fuerzas.

All the time, with the certainty that sometimes comes with excessive dread, I knew that such assurance was folly, knew instinctively that the machine was removed out of my reach. 4.11

Todo el tiempo, con la certeza que a veces acompaña al miedo excesivo, sabía que tal seguridad era una locura, sabía instintivamente que la máquina estaba fuera de mi alcance.

My breath came with pain. 4.12

Respiraba con dolor.

I suppose I covered the whole distance from the hill crest to the little lawn, two miles perhaps, in ten minutes. 4.13

Supongo que cubrí toda la distancia desde la cresta de la colina hasta el pequeño prado, tres kilómetros quizás, en diez minutos.

4.14 **And I am not a young man.**

Y no soy un hombre joven.

4.15 **I cursed aloud, as I ran, at my confident folly in leaving the machine, wasting good breath thereby.**

Maldije en voz alta, mientras corría, mi confiada insensatez al abandonar la máquina, malgastando así un buen aliento.

4.16 **I cried aloud, and none answered.**

Grité en voz alta y nadie me respondió.

4.17 **Not a creature seemed to be stirring in that moonlit world.**

Ninguna criatura parecía moverse en aquel mundo iluminado por la luna.

5.1 **"When I reached the lawn my worst fears were realised.**

"Cuando llegué al césped, mis peores temores se hicieron realidad.

5.2 **Not a trace of the thing was to be seen.**

No se veía ni rastro de aquella cosa.

5.3 **I felt faint and cold when I faced the empty space among the black tangle of bushes.**

Sentí frío y desmayo cuando me enfrenté al espacio vacío entre la negra maraña de arbustos.

5.4 **I ran round it furiously, as if the thing might be hidden in a corner, and then stopped abruptly, with my hands clutching my hair.**

Lo rodeé furiosamente, como si la cosa pudiera estar escondida en un rincón, y luego me detuve bruscamente, con las manos agarrándome el pelo.

Above me towered the sphinx, upon the bronze pedestal, white, shining, leprous, in the light of the rising moon.
5.5

Sobre mí se alzaba la esfinge, sobre el pedestal de bronce, blanca, brillante, leprosa, a la luz de la luna naciente.

It seemed to smile in mockery of my dismay.
5.6

Parecía sonreír burlándose de mi consternación.

"I might have consoled myself by imagining the little people had put the mechanism in some shelter for me,
6.1

"Podría haberme consolado imaginando que la gentecilla había puesto el mecanismo en algún refugio para mí,

had I not felt assured of their physical and intellectual inadequacy.
6.2

si no me hubiera sentido seguro de su insuficiencia física e intelectual.

That is what dismayed me:
6.3

Eso era lo que me consternaba:

the sense of some hitherto unsuspected power,
6.4

la sensación de un poder hasta entonces insospechado,

through whose intervention my invention had vanished.
6.5

por cuya intervención mi invento se había desvanecido.

Yet, for one thing I felt assured:
6.6

Sin embargo, de una cosa estaba seguro:

unless some other age had produced its exact duplicate,
6.7

a menos que otra época hubiera producido su duplicado exacto,

6.8 the machine could not have moved in time.

la máquina no podría haberse movido en el tiempo.

6.9 The attachment of the levers -

La fijación de las palancas -

6.10 I will show you the method later -

más adelante les mostraré el método -

6.11 prevented anyone from tampering with it in that way when they were removed.

impedía que nadie pudiera manipularla de ese modo cuando se retiraban.

6.12 It had moved, and was hid, only in space.

Se había movido, y estaba escondida, sólo en el espacio.

6.13 But then, where could it be?

Pero entonces, ¿dónde podía estar?

7.1 "I think I must have had a kind of frenzy.

"Creo que tuve una especie de frenesí.

7.2 I remember running violently in and out among the moonlit bushes all round the sphinx, and startling some white animal that, in the dim light, I took for a small deer.

Recuerdo haber corrido violentamente entre los arbustos iluminados por la luna que rodeaban la esfinge y haber asustado a un animal blanco que, en la penumbra, tomé por un pequeño ciervo.

I remember, too, late that night, beating the bushes with my clenched fist until my knuckles were gashed and bleeding from the broken twigs. 7.3

Recuerdo también que, entrada la noche, golpeé los arbustos con el puño cerrado hasta que los nudillos se me hirieron y sangraron por las ramitas rotas.

Then, sobbing and raving in my anguish of mind, I went down to the great building of stone. 7.4

Luego, sollozando y desvariando en mi angustia mental, bajé al gran edificio de piedra.

The big hall was dark, silent, and deserted. 7.5

El gran vestíbulo estaba oscuro, silencioso y desierto.

I slipped on the uneven floor, and fell over one of the malachite tables, almost breaking my shin. 7.6

Resbalé en el suelo irregular y caí sobre una de las mesas de malaquita, casi rompiéndome la espinilla.

I lit a match and went on past the dusty curtains, of which I have told you. 7.7

Encendí una cerilla y pasé por delante de las cortinas polvorientas de las que os he hablado.

"There I found a second great hall covered with cushions, upon which, perhaps, a score or so of the little people were sleeping. 8.1

"Allí encontré una segunda gran sala cubierta de cojines, sobre los que, tal vez, dormían una veintena o así de personajillos.

I have no doubt they found my second appearance strange enough, 8.2

No me cabe duda de que les pareció bastante extraña mi segunda aparición,

8.3 **coming suddenly out of the quiet darkness with inarticulate noises and the splutter and flare of a match.**

saliendo de repente de la tranquila oscuridad con ruidos inarticulados y el chisporroteo y el resplandor de una cerilla.

8.4 **For they had forgotten about matches.**

Se habían olvidado de las cerillas.

8.5 **'Where is my Time Machine?'**

¿Dónde está mi Máquina del Tiempo?'

8.6 **I began, bawling like an angry child, laying hands upon them and shaking them up together.**

empecé a gritar como un niño enfadado, poniéndoles las manos encima y sacudiéndoles juntos.

8.7 **It must have been very queer to them. Some laughed,**

Debió de resultarles muy extraño. Algunos se rieron,

8.8 **most of them looked sorely frightened.**

pero la mayoría parecía muy asustada.

8.9 **When I saw them standing round me, it came into my head that I was doing as foolish a thing as it was possible for me to do under the circumstances, in trying to revive the sensation of fear.**

Cuando los vi de pie a mi alrededor, me vino a la cabeza que estaba haciendo la mayor tontería posible, dadas las circunstancias, al tratar de reavivar la sensación de miedo.

8.10 **For, reasoning from their daylight behaviour, I thought that fear must be forgotten.**

Porque, razonando a partir de su comportamiento a la luz del día, pensé que el miedo debía estar olvidado.

"Abruptly, I dashed down the match, and knocking one of the people over in my course, went blundering across the big dining-hall again, out under the moonlight. 9.1

"Bruscamente, me precipité hacia la cerilla y, derribando a uno de los presentes en mi carrera, atravesé de nuevo el gran comedor a la luz de la luna.

I heard cries of terror and their little feet running and stumbling this way and that. 9.2

Oí gritos de terror y sus piececitos corriendo y tropezando de un lado a otro.

I do not remember all I did as the moon crept up the sky. 9.3

No recuerdo todo lo que hice mientras la luna se deslizaba por el cielo.

I suppose it was the unexpected nature of my loss that maddened me. 9.4

Supongo que fue lo inesperado de mi pérdida lo que me enloqueció.

I felt hopelessly cut off from my own kind — a strange animal in an unknown world. 9.5

Me sentía irremediablemente aislado de los míos, un animal extraño en un mundo desconocido.

I must have raved to and fro, 9.6

Debí de desvariar,

screaming and crying upon God and Fate. 9.7

gritando y clamando a Dios y al destino.

I have a memory of horrible fatigue, 9.8

Tengo el recuerdo de una fatiga horrible,

9.9 as the long night of despair wore away;

a medida que la larga noche de desesperación se iba consumiendo;

9.10 of looking in this impossible place and that;

de buscar en este lugar imposible y en aquel otro;

9.11 of groping among moonlit ruins and touching strange creatures in the black shadows;

de andar a tientas entre ruinas iluminadas por la luna y tocar extrañas criaturas en las negras sombras;

9.12 at last, of lying on the ground near the sphinx and weeping with absolute wretchedness, even anger at the folly of leaving the machine having leaked away with my strength.

por fin, de tumbarme en el suelo cerca de la esfinge y llorar con absoluta desdicha, incluso la rabia por la locura de abandonar la máquina se había esfumado con mis fuerzas.

9.13 I had nothing left but misery.

Sólo me quedaba la miseria.

9.14 Then I slept, and when I woke again it was full day, and a couple of sparrows were hopping round me on the turf within reach of my arm.

Luego dormí, y cuando desperté de nuevo era pleno día, y un par de gorriones saltaban a mi alrededor sobre el césped, al alcance de mi brazo.

10.1 "I sat up in the freshness of the morning, trying to remember how I had got there, and why I had such a profound sense of desertion and despair.

"Me senté en la frescura de la mañana, tratando de recordar cómo había llegado hasta allí, y por qué tenía una sensación tan profunda de abandono y desesperación.

Then things came clear in my mind. 10.2

Entonces las cosas se aclararon en mi mente.

With the plain, reasonable daylight, I could look my 10.3
circumstances fairly in the face.

Con la clara y razonable luz del día, pude mirar a la cara mis
circunstancias.

I saw the wild folly of my frenzy overnight, and I 10.4
could reason with myself.

De la noche a la mañana vi la locura de mi frenesí y pude
razonar conmigo mismo.

'Suppose the worst?' I said. 10.5

'Supongamos lo peor," dije.

'Suppose the machine altogether lost — perhaps 10.6
destroyed? It behoves me to be calm and patient,
to learn the way of the people, to get a clear idea of
the method of my loss, and the means of getting
materials and tools; so that in the end, perhaps, I may
make another.'

Supongamos que la máquina se pierde por completo, tal vez
se destruye.'

That would be my only hope, a poor hope, perhaps, 10.7
but better than despair.

Me corresponde tener calma y paciencia, aprender el
camino de la gente, hacerme una idea clara del método
de mi pérdida, y los medios de conseguir materiales y
herramientas; para que al final, tal vez, pueda hacer otra'.

And, after all, it was a beautiful and curious world. . 10.8

Esa sería mi única esperanza, una pobre esperanza, tal vez,
pero mejor que la desesperación. Y, después de todo, era un
mundo hermoso y curioso.

11.1 "But probably the machine had only been taken away.
"Pero probablemente sólo se habían llevado la máquina.

11.2 Still, I must be calm and patient, find its hiding-place, and recover it by force or cunning.
Aun así, debía tener calma y paciencia, encontrar su escondite y recuperarla por la fuerza o con astucia.

11.3 And with that I scrambled to my feet and looked about me,
Y con esto me puse en pie y miré a mi alrededor,

11.4 wondering where I could bathe.
preguntándome dónde podría bañarme.

11.5 I felt weary, stiff, and travel-soiled.
Me sentía cansado, rígido y sucio por el viaje.

11.6 The freshness of the morning made me desire an equal freshness.
La frescura de la mañana me hizo desear una frescura igual.

11.7 I had exhausted my emotion.
Había agotado mi emoción.

11.8 Indeed, as I went about my business, I found myself wondering at my intense excitement overnight.
De hecho, mientras me ocupaba de mis asuntos, me sorprendí de mi intensa excitación durante la noche.

11.9 I made a careful examination of the ground about the little lawn.
Examiné detenidamente el terreno alrededor del pequeño césped.

I wasted some time in futile questionings, conveyed, 11.10
as well as I was able, to such of the little people as
came by.
Perdí algún tiempo en preguntas inútiles, transmitidas, tan
bien como pude, a la gente pequeña que se acercaba.

They all failed to understand my gestures; 11.11
Todos no entendían mis gestos;

some were simply stolid, 11.12
algunos se quedaban simplemente pasmados,

some thought it was a jest and laughed at me. 11.13
otros pensaban que era una broma y se reían de mí.

I had the hardest task in the world to keep my hands 11.14
off their pretty laughing faces.
Me costó lo indecible apartar las manos de sus bonitas caras
risueñas.

It was a foolish impulse, 11.15
Era un impulso insensato,

but the devil begotten of fear and blind anger was 11.16
ill curbed and still eager to take advantage of my
perplexity.
pero el demonio engendrado por el miedo y la ira ciega
estaba mal refrenado y seguía ansioso por aprovecharse de
mi perplejidad.

The turf gave better counsel. 11.17
El césped me aconsejó mejor.

11.18 I found a groove ripped in it, about midway between the pedestal of the sphinx and the marks of my feet where, on arrival, I had struggled with the overturned machine.

Encontré un surco rasgado en él, más o menos a medio camino entre el pedestal de la esfinge y las marcas de mis pies donde, al llegar, había forcejeado con la máquina volcada.

11.19 There were other signs of removal about,

Había otros signos de remoción,

11.20 with queer narrow footprints like those I could imagine made by a sloth.

con huellas extrañas y estrechas como las que podría imaginarme hechas por un perezoso.

11.21 This directed my closer attention to the pedestal.

Esto dirigió mi atención hacia el pedestal.

11.22 It was, as I think I have said, of bronze.

Era, como creo haber dicho, de bronce.

11.23 It was not a mere block,

No era un simple bloque,

11.24 but highly decorated with deep framed panels on either side.

sino que estaba muy decorado con profundos paneles enmarcados a ambos lados.

11.25 I went and rapped at these. The pedestal was hollow.

Fui a golpearlos. El pedestal estaba hueco.

11.26 Examining the panels with care I found them discontinuous with the frames.

Examiné los paneles con cuidado y descubrí que eran discontinuos con los marcos.

There were no handles or keyholes, but possibly the panels, if they were doors, as I supposed, opened from within.

11.27

No había tiradores ni cerraduras, pero posiblemente los paneles, si eran puertas, como yo suponía, se abrían desde dentro.

One thing was clear enough to my mind.

11.28

Una cosa estaba suficientemente clara para mi mente.

It took no very great mental effort to infer that my Time Machine was inside that pedestal.

11.29

No me costó un gran esfuerzo mental deducir que mi Máquina del Tiempo estaba dentro de aquel pedestal.

But how it got there was a different problem.

11.30

Pero cómo había llegado hasta allí era otro problema.

"I saw the heads of two orange-clad people coming through the bushes and under some blossom-covered apple-trees towards me.

12.1

"Vi las cabezas de dos personas vestidas de naranja que venían hacia mí a través de los arbustos y bajo unos manzanos cubiertos de flores.

I turned smiling to them, and beckoned them to me.

12.2

Me volví sonriente hacia ellos y les hice señas para que vinieran.

They came, and then, pointing to the bronze pedestal, I tried to intimate my wish to open it.

12.3

Vinieron, y entonces, señalando el pedestal de bronce, traté de insinuar mi deseo de abrirlo.

But at my first gesture towards this they behaved very oddly.

12.4

Pero ante mi primer gesto se comportaron de un modo muy extraño.

12.5 I don't know how to convey their expression to you.
No sé cómo transmitirte su expresión.

12.6 Suppose you were to use a grossly improper gesture to a delicate-minded woman — it is how she would look.
Supongamos que usted le hiciera un gesto groseramente impropio a una mujer de mente delicada: así es como se vería.

12.7 They went off as if they had received the last possible insult.
Se marcharon como si hubieran recibido el último insulto posible.

12.8 I tried a sweet-looking little chap in white next,
A continuación probé con un hombrecillo blanco de aspecto dulce,

12.9 with exactly the same result. Somehow,
y obtuve exactamente el mismo resultado. De alguna manera,

12.10 his manner made me feel ashamed of myself.
sus modales me hicieron sentir avergonzada de mí misma.

12.11 But, as you know, I wanted the Time Machine, and I tried him once more.
Pero, como usted sabe, yo quería la Máquina del Tiempo, y lo intenté una vez más.

12.12 As he turned off, like the others, my temper got the better of me.
Cuando se marchó, al igual que los demás, mi temperamento se apoderó de mí.

In three strides I was after him, had him by the loose 12.13
part of his robe round the neck, and began dragging
him towards the sphinx.
En tres zancadas lo perseguí, lo agarré por el cuello con
la parte suelta de la túnica y empecé a arrastrarlo hacia la
esfinge.

Then I saw the horror and repugnance of his face, and 12.14
all of a sudden I let him go.
Entonces vi el horror y la repugnancia de su rostro y, de
repente, lo solté.

"But I was not beaten yet. 13.1
"Pero aún no me habían vencido.

I banged with my fist at the bronze panels. 13.2
Golpeé con el puño los paneles de bronce.

I thought I heard something stir inside — to be 13.3
explicit, I thought I heard a sound like a chuckle —
but I must have been mistaken.
Me pareció oír que algo se movía en el interior - para ser
explícito, me pareció oír un sonido parecido a una risita-,
pero debía de estar equivocado.

Then I got a big pebble from the river, and came 13.4
and hammered till I had flattened a coil in the
decorations, and the verdigris came off in powdery
flakes.
Entonces cogí un gran guijarro del río, y me acerqué y
martilleé hasta que aplasté una espiral en la decoración, y
el verdín se desprendió en copos de polvo.

13.5 The delicate little people must have heard me hammering in gusty outbreaks a mile away on either hand, but nothing came of it.

La delicada gentecilla debió de oírme martillear en ráfagas a una milla de distancia, a ambos lados, pero no conseguí nada.

13.6 I saw a crowd of them upon the slopes,

Vi una multitud de ellos en las laderas,

13.7 looking furtively at me.

mirándome furtivamente.

13.8 At last, hot and tired, I sat down to watch the place.

Por fin, acalorado y cansado, me senté a observar el lugar.

13.9 But I was too restless to watch long;

Pero estaba demasiado inquieto para vigilar mucho tiempo;

13.10 I am too Occidental for a long vigil.

soy demasiado occidental para una larga vigilia.

13.11 I could work at a problem for years,

Podría trabajar en un problema durante años,

13.12 but to wait inactive for twenty-four hours — that is another matter.

pero esperar inactivo durante veinticuatro horas ...eso es otra cosa.

14.1 "I got up after a time, and began walking aimlessly through the bushes towards the hill again.

"Me levanté al cabo de un rato y empecé a caminar sin rumbo entre los arbustos hacia la colina de nuevo.

14.2 'Patience,' said I to myself.

Paciencia," me dije.

'If you want your machine again you must leave that sphinx alone.   14.3

Si quieres volver a tener tu máquina, debes dejar en paz a esa esfinge.

If they mean to take your machine away, it's little good your wrecking their bronze panels, and if they don't, you will get it back as soon as you can ask for it.   14.4

Si pretenden llevársela, de poco le servirá que destroce sus paneles de bronce, y si no lo hacen, la recuperará en cuanto pueda pedirla.

To sit among all those unknown things before a puzzle like that is hopeless.   14.5

Sentarse entre todas esas cosas desconocidas ante un rompecabezas así es desesperante.

That way lies monomania. Face this world.   14.6

Por ahí va la monomanía. Enfréntate a este mundo.

Learn its ways, watch it, be careful of too hasty guesses at its meaning.   14.7

Aprende sus caminos, obsérvalo, ten cuidado con las conjeturas demasiado precipitadas sobre su significado.

In the end you will find clues to it all.'   14.8

Al final encontrarás las claves de todo."

Then suddenly the humour of the situation came into my mind: 14.9

Entonces, de repente, me vino a la mente el humor de la situación:

the thought of the years I had spent in study and toil to get into the future age,   14.10

el pensamiento de los años que había pasado estudiando y esforzándome para entrar en la edad futura,

14.11 and now my passion of anxiety to get out of it.

y ahora mi pasión de ansiedad por salir de ella.

14.12 I had made myself the most complicated and the most hopeless trap that ever a man devised.

Me había hecho la trampa más complicada y más desesperada que jamás haya ideado un hombre.

14.13 Although it was at my own expense, I could not help myself.

Aunque fuera a mi costa, no pude evitarlo.

14.14 I laughed aloud.

Me reí en voz alta.

15.1 "Going through the big palace,

"Al atravesar el gran palacio,

15.2 it seemed to me that the little people avoided me.

me pareció que la gente menuda me evitaba.

15.3 It may have been my fancy,

Puede que fuera mi capricho,

15.4 or it may have had something to do with my hammering at the gates of bronze.

o puede que tuviera algo que ver con mi martilleo en las puertas de bronce.

15.5 Yet I felt tolerably sure of the avoidance.

Pero estaba bastante seguro de que me evitaban.

I was careful, however, to show no concern and to abstain from any pursuit of them, and in the course of a day or two things got back to the old footing. 15.6

Tuve cuidado, sin embargo, de no mostrarme preocupado y de abstenerme de perseguirlos, y en el transcurso de uno o dos días las cosas volvieron a su cauce.

I made what progress I could in the language, 15.7

Avancé lo que pude en el idioma,

and in addition I pushed my explorations here and there. 15.8

y además impulsé mis exploraciones aquí y allá.

Either I missed some subtle point or their language was excessively simple — almost exclusively composed of concrete substantives and verbs. 15.9

O se me había escapado algún punto sutil o su lenguaje era excesivamente sencillo, compuesto casi exclusivamente de sustantivos y verbos concretos.

There seemed to be few, if any, abstract terms, or little use of figurative language. 15.10

Parecía haber pocos términos abstractos, si es que había alguno, o poco uso del lenguaje figurado.

Their sentences were usually simple and of two words, 15.11

Sus frases solían ser sencillas y de dos palabras,

and I failed to convey or understand any but the simplest propositions. 15.12

y yo no lograba transmitir o comprender más que las proposiciones más simples.

15.13 I determined to put the thought of my Time Machine and the mystery of the bronze doors under the sphinx, as much as possible in a corner of memory, until my growing knowledge would lead me back to them in a natural way.

Decidí poner el pensamiento de mi Máquina del Tiempo y el misterio de las puertas de bronce bajo la esfinge, en la medida de lo posible en un rincón de la memoria, hasta que mis crecientes conocimientos me condujeran de nuevo a ellos de un modo natural.

15.14 Yet a certain feeling, you may understand, tethered me in a circle of a few miles round the point of my arrival.

Sin embargo, un cierto sentimiento, como comprenderéis, me ató a un círculo de unas pocas millas alrededor del punto de mi llegada.

VIII. Explanation

VIII. Explicación

1.1 "So far as I could see,
"Hasta donde podía ver,

1.2 all the world displayed the same exuberant richness as the Thames valley.
todo el mundo mostraba la misma exuberante riqueza que el valle del Támesis.

1.3 From every hill I climbed I saw the same abundance of splendid buildings, endlessly varied in material and style, the same clustering thickets of evergreens, the same blossom-laden trees and tree ferns.
Desde cada colina que subía veía la misma abundancia de espléndidos edificios, infinitamente variados en material y estilo, los mismos matorrales de árboles de hoja perenne, los mismos árboles cargados de flores y helechos arborescentes.

1.4 Here and there water shone like silver, and beyond, the land rose into blue undulating hills, and so faded into the serenity of the sky.
Aquí y allá el agua brillaba como la plata, y más allá, la tierra se elevaba en ondulantes colinas azules, y así se desvanecía en la serenidad del cielo.

A peculiar feature, which presently attracted my attention, was the presence of certain circular wells, several, as it seemed to me, of a very great depth.

1.5

Un rasgo peculiar que atrajo mi atención fue la presencia de algunos pozos circulares, varios de ellos, según me pareció, de gran profundidad.

One lay by the path up the hill which I had followed during my first walk.

1.6

Uno de ellos se hallaba junto al sendero de la colina que había seguido durante mi primer paseo.

Like the others, it was rimmed with bronze, curiously wrought, and protected by a little cupola from the rain.

1.7

Como los demás, estaba bordeado de bronce, curiosamente labrado, y protegido de la lluvia por una pequeña cúpula.

Sitting by the side of these wells, and peering down into the shafted darkness, I could see no gleam of water, nor could I start any reflection with a lighted match.

1.8

Sentado al lado de estos pozos, y mirando hacia abajo en la oscuridad, no pude ver ningún destello de agua, ni pude encender ningún reflejo con una cerilla encendida.

But in all of them I heard a certain sound:

1.9

Pero en todos ellos oí un cierto sonido:

a thud — thud — thud, like the beating of some big engine;

1.10

un ruido sordo, como el golpeteo de un gran motor;

and I discovered, from the flaring of my matches, that a steady current of air set down the shafts.

1.11

y descubrí, por el chisporroteo de mis cerillas, que una corriente constante de aire descendía por los pozos.

1.12 Further, I threw a scrap of paper into the throat of one, and, instead of fluttering slowly down, it was at once sucked swiftly out of sight.

Además, arrojé un trozo de papel a la garganta de una de ellas y, en lugar de descender revoloteando lentamente, fue aspirado con rapidez hasta perderse de vista.

2.1 "After a time, too, I came to connect these wells with tall towers standing here and there upon the slopes;

"Después de un tiempo, también, llegué a relacionar estos pozos con altas torres que se alzaban aquí y allá sobre las laderas;

2.2 for above them there was often just such a flicker in the air as one sees on a hot day above a sun-scorched beach.

porque por encima de ellas había a menudo un parpadeo en el aire como el que se ve en un día caluroso sobre una playa quemada por el sol.

2.3 Putting things together, I reached a strong suggestion of an extensive system of subterranean ventilation, whose true import it was difficult to imagine.

Juntando las cosas, llegué a la fuerte sugerencia de un extenso sistema de ventilación subterránea, cuyo verdadero significado era difícil de imaginar.

2.4 I was at first inclined to associate it with the sanitary apparatus of these people.

Al principio me incliné a asociarlo con el aparato sanitario de estas gentes.

2.5 It was an obvious conclusion, but it was absolutely wrong.

Era una conclusión obvia, pero absolutamente errónea.

"And here I must admit that I learnt very little of drains and bells and modes of conveyance, and the like conveniences, during my time in this real future.   3.1

"Y aquí debo admitir que aprendí muy poco sobre desagües y campanas y modos de transporte, y comodidades similares, durante mi estancia en este futuro real.

In some of these visions of Utopias and coming times which I have read, there is a vast amount of detail about building, and social arrangements, and so forth.   3.2

En algunas de estas visiones de utopías y tiempos venideros que he leído, hay una gran cantidad de detalles acerca de la construcción, y los arreglos sociales, y así sucesivamente.

But while such details are easy enough to obtain when the whole world is contained in one's imagination,   3.3

Pero mientras que tales detalles son bastante fáciles de obtener cuando el mundo entero está contenido en la imaginación de uno,

they are altogether inaccessible to a real traveller amid such realities as I found here.   3.4

son totalmente inaccesibles para un viajero real en medio de realidades como las que encontré aquí.

3.5 Conceive the tale of London which a negro, fresh from Central Africa, would take back to his tribe! What would he know of railway companies, of social movements, of telephone and telegraph wires, of the Parcels Delivery Company, and postal orders and the like? Yet we, at least, should be willing enough to explain these things to him! And even of what he knew, how much could he make his untravelled friend either apprehend or believe? Then, think how narrow the gap between a negro and a white man of our own times, and how wide the interval between myself and these of the Golden Age! I was sensible of much which was unseen, and which contributed to my comfort; but save for a general impression of automatic organisation, I fear I can convey very little of the difference to your mind. .

Imagínense la historia de Londres que un negro, recién llegado del África central, llevaría a su tribu! ¿Qué sabría de las compañías ferroviarias, de los movimientos sociales, de los cables telefónicos y telegráficos, de la Parcels Delivery Company, de los giros postales y cosas por el estilo? Nosotros, al menos, estaríamos dispuestos a explicárselo. E incluso de lo que él sabía, ¿cuánto podía hacer comprender o creer a su inexperto amigo? Entonces, ¡pensad cuán estrecha es la distancia entre un negro y un blanco de nuestros días, y cuán amplia la que me separa de los de la Edad de Oro! Me di cuenta de muchas cosas que no se veían, y que contribuyeron a mi bienestar; pero salvo una impresión general de organización automática, me temo que puedo transmitir muy poco de la diferencia a su mente.

4.1 "In the matter of sepulture, for instance, I could see no signs of crematoria nor anything suggestive of tombs.

"En materia de sepultura, por ejemplo, no pude ver señales de crematorios ni nada que sugiriera la existencia de tumbas.

But it occurred to me that, possibly, there might be
cemeteries (or crematoria) somewhere beyond the
range of my explorings.

4.2

Pero se me ocurrió que, posiblemente, podría haber
cementerios (o crematorios) en algún lugar más allá del
alcance de mis exploraciones.

This, again, was a question I deliberately put to
myself, and my curiosity was at first entirely defeated
upon the point.

4.3

También ésta fue una pregunta que me hice
deliberadamente, y al principio mi curiosidad se
desvaneció por completo.

The thing puzzled me, and I was led to make a further
remark, which puzzled me still more:

4.4

El asunto me dejó perplejo, y me llevó a hacer otra
observación que me desconcertó aún más:

that aged and infirm among this people there were
none.

4.5

que entre esta gente no había ancianos ni enfermos.

"I must confess that my satisfaction with my first
theories of an automatic civilisation and a decadent
humanity did not long endure.

5.1

"Debo confesar que mi satisfacción con mis primeras
teorías sobre una civilización automática y una humanidad
decadente no duró mucho.

Yet I could think of no other.

5.2

Sin embargo, no podía pensar en otra.

Let me put my difficulties.

5.3

Permítanme exponer mis dificultades.

5.4 The several big palaces I had explored were mere living places,

Los varios grandes palacios que había explorado eran meros lugares para vivir,

5.5 great dining-halls and sleeping apartments.

grandes comedores y apartamentos para dormir.

5.6 I could find no machinery, no appliances of any kind.

No pude encontrar maquinaria ni aparatos de ningún tipo.

5.7 Yet these people were clothed in pleasant fabrics that must at times need renewal, and their sandals, though undecorated, were fairly complex specimens of metalwork.

Sin embargo, esta gente vestía con agradables telas que a veces necesitaban renovarse, y sus sandalias, aunque sin adornos, eran muestras bastante complejas de metalistería.

5.8 Somehow such things must be made.

De algún modo debían de estar hechas.

5.9 And the little people displayed no vestige of a creative tendency.

Y la gente menuda no mostraba ningún vestigio de tendencia creativa.

5.10 There were no shops, no workshops, no sign of importations among them.

No había tiendas, ni talleres, ni rastro de importaciones.

5.11 They spent all their time in playing gently, in bathing in the river, in making love in a half-playful fashion, in eating fruit and sleeping.

Dedicaban todo su tiempo a jugar suavemente, a bañarse en el río, a hacer el amor de forma medio juguetona, a comer fruta y a dormir.

I could not see how things were kept going. 5.12

No podía entender cómo se mantenían las cosas.

"Then, again, about the Time Machine: 6.1

"Luego, otra vez, sobre la Máquina del Tiempo:

something, I knew not what, had taken it into the 6.2
hollow pedestal of the White Sphinx.

algo, no sabía qué, la había llevado al pedestal hueco de la
Esfinge Blanca.

Why? For the life of me I could not imagine. 6.3

¿Por qué? Por mi vida que no podía imaginarlo.

Those waterless wells, too, those flickering pillars. 6.4

Esos pozos sin agua, también, esos pilares parpadeantes.

I felt I lacked a clue. I felt — how shall I put it? 6.5

Sentía que me faltaba una pista. Sentí — ¿cómo decirlo?

Suppose you found an inscription, with sentences 6.6
here and there in excellent plain English, and
interpolated therewith, others made up of words,
of letters even, absolutely unknown to you?

Supón que encuentras una inscripción, con frases aquí
y allá en un excelente inglés llano, e interpoladas con
ellas, otras compuestas de palabras, de letras incluso,
absolutamente desconocidas para ti?

Well, on the third day of my visit, that was how the 6.7
world of Eight Hundred and Two Thousand Seven
Hundred and One presented itself to me!

Pues bien, al tercer día de mi visita, ¡así fue como se me
presentó el mundo de Ochocientos Dos Mil Setecientos
Uno!

7.1 "That day, too, I made a friend — of a sort.
"También aquel día hice una especie de amigo.

7.2 It happened that, as I was watching some of the little people bathing in a shallow, one of them was seized with cramp and began drifting downstream.
Sucedió que, mientras observaba a algunos de los pequeños bañándose en un lugar poco profundo, uno de ellos sufrió un calambre y comenzó a ir a la deriva río abajo.

7.3 The main current ran rather swiftly,
La corriente principal era bastante rápida,

7.4 but not too strongly for even a moderate swimmer.
pero no demasiado para un nadador moderado.

7.5 It will give you an idea, therefore, of the strange deficiency in these creatures, when I tell you that none made the slightest attempt to rescue the weakly crying little thing which was drowning before their eyes.
Os daréis una idea, por lo tanto, de la extraña deficiencia de estas criaturas, cuando os diga que ninguna hizo el menor intento de rescatar a la cosita que lloraba débilmente y que se estaba ahogando ante sus ojos.

7.6 When I realised this, I hurriedly slipped off my clothes, and, wading in at a point lower down, I caught the poor mite and drew her safe to land.
Cuando me di cuenta de esto, me quité rápidamente la ropa y, vadeando por un punto más abajo, cogí al pobre ácaro y lo llevé a tierra.

7.7 A little rubbing of the limbs soon brought her round,
Un pequeño masaje en las extremidades la hizo volver en sí,

and I had the satisfaction of seeing she was all right
before I left her. 7.8

y tuve la satisfacción de ver que estaba bien antes de dejarla.

I had got to such a low estimate of her kind that I did 7.9
not expect any gratitude from her.

Había llegado a estimar tan poco su especie que no esperaba
ninguna gratitud de su parte.

In that, however, I was wrong. 7.10

En eso, sin embargo, me equivoqué.

"This happened in the morning. 8.1

"Esto sucedió por la mañana.

In the afternoon I met my little woman, as I believe 8.2
it was, as I was returning towards my centre from an
exploration, and she received me with cries of delight
and presented me with a big garland of flowers —
evidently made for me and me alone.

Por la tarde me encontré con mi mujercita, como creo que
era, cuando volvía hacia mi centro de una exploración, y
ella me recibió con gritos de alegría y me regaló una gran
guirnalda de flores, evidentemente hecha para mí y sólo
para mí.

The thing took my imagination. 8.3

La cosa cautivó mi imaginación.

Very possibly I had been feeling desolate. 8.4

Muy posiblemente me había sentido desolado.

At any rate I did my best to display my appreciation of 8.5
the gift.

En cualquier caso, hice todo lo que pude para agradecer el
regalo.

8.6 We were soon seated together in a little stone arbour, engaged in conversation, chiefly of smiles.

Pronto estuvimos sentados juntos en un pequeño cenador de piedra, conversando, sobre todo de sonrisas.

8.7 The creature's friendliness affected me exactly as a child's might have done.

La simpatía de la criatura me afectó exactamente como lo hubiera hecho la de un niño.

8.8 We passed each other flowers, and she kissed my hands.

Nos pasamos flores y ella me besó las manos.

8.9 I did the same to hers.

Yo hice lo mismo con las suyas.

8.10 Then I tried talk, and found that her name was Weena, which, though I don't know what it meant, somehow seemed appropriate enough.

Luego intenté hablar y descubrí que se llamaba Weena, lo cual, aunque no sabía lo que significaba, me pareció bastante apropiado.

8.11 That was the beginning of a queer friendship which lasted a week, and ended -

Aquel fue el comienzo de una extraña amistad que duró una semana y terminó -

8.12 as I will tell you!

¡como te contaré!

9.1 "She was exactly like a child. She wanted to be with me always.

"Era exactamente como una niña. Quería estar siempre conmigo.

She tried to follow me everywhere, and on my next
journey out and about it went to my heart to tire her
down, and leave her at last, exhausted and calling
after me rather plaintively.

9.2

Intentaba seguirme a todas partes, y en mi siguiente viaje
de paseo se me encogió el corazón para cansarla y dejarla al
fin, exhausta y llamándome lastimeramente.

But the problems of the world had to be mastered.

9.3

Pero había que dominar los problemas del mundo.

I had not, I said to myself, come into the future to
carry on a miniature flirtation.

9.4

No había venido al futuro, me dije, para llevar a cabo un
flirteo en miniatura.

Yet her distress when I left her was very great, her
expostulations at the parting were sometimes frantic,
and I think, altogether, I had as much trouble as
comfort from her devotion.

9.5

Sin embargo, su angustia cuando la dejé fue muy grande,
sus protestas durante la despedida fueron a veces frenéticas
y creo que, en conjunto, su devoción me causó tantos
problemas como consuelo.

Nevertheless she was, somehow, a very great
comfort.

9.6

Sin embargo, ella fue, de alguna manera, un gran consuelo.

I thought it was mere childish affection that made
her cling to me.

9.7

Pensé que era mero afecto infantil lo que la hacía
aferrarse a mí.

Until it was too late,

9.8

Hasta que fue demasiado tarde,

9.9 I did not clearly know what I had inflicted upon her when I left her.

no supe claramente lo que le había infligido al dejarla.

9.10 Nor until it was too late did I clearly understand what she was to me.

Tampoco comprendí claramente lo que ella era para mí hasta que fue demasiado tarde.

9.11 For, by merely seeming fond of me, and showing in her weak, futile way that she cared for me, the little doll of a creature presently gave my return to the neighbourhood of the White Sphinx almost the feeling of coming home;

Porque, por el mero hecho de parecer que me quería, y de demostrar con su débil y fútil manera de ser que se preocupaba por mí, la muñequita de la criatura daba a mi regreso a la vecindad de la Esfinge Blanca casi la sensación de volver a casa;

9.12 and I would watch for her tiny figure of white and gold so soon as I came over the hill.

y yo buscaba su diminuta figura de blanco y oro tan pronto como llegaba a la colina.

10.1 "It was from her, too, that I learnt that fear had not yet left the world.

"También de ella aprendí que el miedo aún no había abandonado el mundo.

10.2 She was fearless enough in the daylight,

Era bastante intrépida a la luz del día,

10.3 and she had the oddest confidence in me;

y tenía una extraña confianza en mí;

for once, in a foolish moment, I made threatening
grimaces at her, and she simply laughed at them.

10.4

una vez, en un momento de insensatez, le hice muecas
amenazadoras, y ella se limitó a reírse de ellas.

But she dreaded the dark, dreaded shadows, dreaded
black things.

10.5

Pero temía la oscuridad, temía las sombras, temía las cosas
negras.

Darkness to her was the one thing dreadful.

10.6

La oscuridad era para ella lo único terrible.

It was a singularly passionate emotion,

10.7

Era una emoción singularmente apasionada,

and it set me thinking and observing.

10.8

y me hizo pensar y observar.

I discovered then, among other things, that these
little people gathered into the great houses after dark,
and slept in droves.

10.9

Descubrí entonces, entre otras cosas, que esta gente
menuda se reunía en las grandes casas al anochecer y
dormía en tropel.

To enter upon them without a light was to put them
into a tumult of apprehension.

10.10

Entrar en ellas sin luz era ponerlas en un tumulto de
aprensión.

I never found one out of doors, or one sleeping alone
within doors, after dark.

10.11

Nunca encontré a nadie fuera de casa, ni a nadie durmiendo
solo dentro, después de oscurecer.

10.12 Yet I was still such a blockhead that I missed the lesson of that fear, and in spite of Weena's distress, I insisted upon sleeping away from these slumbering multitudes.

Sin embargo, yo seguía siendo tan idiota que no entendí la lección de aquel miedo y, a pesar de la angustia de Weena, insistí en dormir lejos de aquellas multitudes adormiladas.

11.1 "It troubled her greatly, but in the end her odd affection for me triumphed, and for five of the nights of our acquaintance, including the last night of all, she slept with her head pillowed on my arm.

"Le preocupaba mucho, pero al final triunfó su extraño afecto por mí, y durante cinco de las noches que nos conocimos, incluida la última, durmió con la cabeza apoyada en mi brazo.

11.2 But my story slips away from me as I speak of her.

Pero mi historia se me escapa mientras hablo de ella.

11.3 It must have been the night before her rescue that I was awakened about dawn.

Debió de ser la noche anterior a su rescate cuando me despertaron al amanecer.

11.4 I had been restless, dreaming most disagreeably that I was drowned, and that sea anemones were feeling over my face with their soft palps.

Había estado inquieto, soñando muy desagradablemente que me ahogaba y que las anémonas de mar me palpaban la cara con sus suaves palpos.

11.5 I woke with a start, and with an odd fancy that some greyish animal had just rushed out of the chamber.

Me desperté sobresaltado y con la extraña impresión de que algún animal grisáceo acababa de salir corriendo de la habitación.

I tried to get to sleep again, 11.6
Intenté dormirme de nuevo,

but I felt restless and uncomfortable. 11.7
pero me sentía inquieto e incómodo.

It was that dim grey hour when things are just 11.8
creeping out of darkness, when everything is
colourless and clear cut, and yet unreal.
Era esa hora gris y tenue en que las cosas acaban de salir de
la oscuridad, cuando todo es incoloro y claro, y sin embargo
irreal.

I got up, and went down into the great hall, and so 11.9
out upon the flagstones in front of the palace.
Me levanté, bajé al gran vestíbulo y salí a las losas frente al
palacio.

I thought I would make a virtue of necessity, and see 11.10
the sunrise.
Pensé en hacer de la necesidad virtud y ver el amanecer.

"The moon was setting, 12.1
"La luna se estaba poniendo,

and the dying moonlight and the first pallor of dawn 12.2
were mingled in a ghastly half-light.
y la mortecina luz de la luna y la primera palidez del
amanecer se mezclaban en una espantosa penumbra.

The bushes were inky black, the ground a sombre 12.3
grey, the sky colourless and cheerless.
Los arbustos eran negros como la tinta, el suelo de un gris
sombrío, el cielo incoloro y sin alegría.

And up the hill I thought I could see ghosts. 12.4
Y en lo alto de la colina me pareció ver fantasmas.

12.5 **Three several times, as I scanned the slope, I saw white figures.**

Varias veces, mientras escudriñaba la ladera, vi figuras blancas.

12.6 **Twice I fancied I saw a solitary white, ape-like creature running rather quickly up the hill, and once near the ruins I saw a leash of them carrying some dark body.**

Dos veces me pareció ver una criatura blanca y solitaria, parecida a un simio, que corría a gran velocidad colina arriba, y una vez, cerca de las ruinas, vi una correa que llevaba un cuerpo oscuro.

12.7 **They moved hastily. I did not see what became of them.**

Se movían apresuradamente. No vi qué fue de ellos.

12.8 **It seemed that they vanished among the bushes.**

Parecía que habían desaparecido entre los arbustos.

12.9 **The dawn was still indistinct, you must understand.**

El amanecer era aún indistinto, debes comprender.

12.10 **I was feeling that chill, uncertain, early-morning feeling you may have known.**

Sentía esa sensación de frío, de incertidumbre, de la madrugada que quizá conozcas.

12.11 **I doubted my eyes.**

Dudaba de mis ojos.

"As the eastern sky grew brighter, and the light of the day came on and its vivid colouring returned upon the world once more, I scanned the view keenly. 13.1

"A medida que el cielo oriental se hacía más brillante, y la luz del día se encendía y su vívido colorido volvía una vez más sobre el mundo, escudriñé la vista con agudeza.

But I saw no vestige of my white figures. 13.2

Pero no vi ningún vestigio de mis figuras blancas.

They were mere creatures of the half-light. 13.3

Eran meras criaturas de la penumbra.

'They must have been ghosts,' I said; 'I wonder whence they dated.' 13.4

'Debían de ser fantasmas - dije-.'

For a queer notion of Grant Allen's came into my head, and amused me.' 13.5

Me pregunto de dónde habrán salido."

If each generation die and leave ghosts, he argued, the world at last will get overcrowded with them. 13.6

Una extraña idea de Grant Allen me vino a la cabeza y me divirtió.

On that theory they would have grown innumerable some Eight Hundred Thousand Years hence, and it was no great wonder to see four at once. 13.7

Si cada generación muere y deja fantasmas, argumentaba, al final el mundo estará superpoblado de ellos.

But the jest was unsatisfying, and I was thinking of these figures all the morning, until Weena's rescue drove them out of my head. 13.8

Según esa teoría, habrían llegado a ser innumerables dentro de unos ochocientos mil años, y no era de extrañar ver cuatro a la vez.

13.9 I associated them in some indefinite way with the white animal I had startled in my first passionate search for the Time Machine.

Pero la broma no me satisfizo, y estuve pensando en aquellas figuras toda la mañana, hasta que el rescate de Weena me las sacó de la cabeza.

13.10 But Weena was a pleasant substitute.

Las asocié de algún modo indefinido con el animal blanco que había asustado en mi primera y apasionada búsqueda de la Máquina del Tiempo.

13.11 Yet all the same, they were soon destined to take far deadlier possession of my mind. .

Pero Weena era una agradable sustituta. Sin embargo, pronto estaban destinados a apoderarse de mi mente de un modo mucho más mortífero.

14.1 "I think I have said how much hotter than our own was the weather of this Golden Age.

"Creo haber dicho cuánto más caluroso que el nuestro era el clima de esta Edad de Oro.

14.2 I cannot account for it.

No puedo explicarlo.

14.3 It may be that the sun was hotter,

Puede ser que el sol estuviera más caliente,

14.4 or the earth nearer the sun.

o la tierra más cerca del sol.

14.5 It is usual to assume that the sun will go on cooling steadily in the future.

Es habitual suponer que el sol seguirá enfriándose en el futuro.

But people, unfamiliar with such speculations as those of the younger Darwin, forget that the planets must ultimately fall back one by one into the parent body.

14.6

Pero la gente, que no está familiarizada con especulaciones como las del joven Darwin, olvida que los planetas deben, en última instancia, retroceder uno a uno hacia el cuerpo original.

As these catastrophes occur,

14.7

Cuando se produzcan estas catástrofes,

the sun will blaze with renewed energy;

14.8

el Sol resplandecerá con renovada energía;

and it may be that some inner planet had suffered this fate.

14.9

y puede ser que algún planeta interior haya sufrido este destino.

Whatever the reason,

14.10

Sea cual sea la razón,

the fact remains that the sun was very much hotter than we know it.

14.11

el hecho es que el Sol era mucho más caliente de lo que conocemos.

"Well, one very hot morning — my fourth, I think — as I was seeking shelter from the heat and glare in a colossal ruin near the great house where I slept and fed, there happened this strange thing.

15.1

"Pues bien, una mañana muy calurosa - creo que la cuarta-, mientras buscaba refugio del calor y del resplandor en unas ruinas colosales cercanas a la gran casa donde dormía y me alimentaba, ocurrió esta cosa extraña.

15.2 **Clambering among these heaps of masonry, I found a narrow gallery, whose end and side windows were blocked by fallen masses of stone.**

Trepando entre aquellos montones de mampostería, encontré una estrecha galería, cuyas ventanas laterales y de los extremos estaban bloqueadas por masas de piedra caídas.

15.3 **By contrast with the brilliancy outside,**

En contraste con la brillantez del exterior,

15.4 **it seemed at first impenetrably dark to me.**

al principio me pareció impenetrablemente oscura.

15.5 **I entered it groping,**

Entré en ella a tientas,

15.6 **for the change from light to blackness made spots of colour swim before me.**

pues el paso de la luz a la negrura hizo que manchas de color nadaran ante mí.

15.7 **Suddenly I halted spellbound.**

De pronto me detuve hechizado.

15.8 **A pair of eyes, luminous by reflection against the daylight without, was watching me out of the darkness.**

Un par de ojos, luminosos por el reflejo de la luz del día, me observaban desde la oscuridad.

16.1 **"The old instinctive dread of wild beasts came upon me.**

"El viejo temor instintivo a las bestias salvajes se apoderó de mí.

I clenched my hands and steadfastly looked into the glaring eyeballs.

16.2

Apreté las manos y miré fijamente a los ojos.

I was afraid to turn.

16.3

Tenía miedo de volverme.

Then the thought of the absolute security in which humanity appeared to be living came to my mind.

16.4

Entonces vino a mi mente el pensamiento de la absoluta seguridad en la que parecía vivir la humanidad.

And then I remembered that strange terror of the dark.

16.5

Y entonces recordé ese extraño terror a la oscuridad.

Overcoming my fear to some extent, I advanced a step and spoke.

16.6

Superando en cierta medida mi miedo, avancé un paso y hablé.

I will admit that my voice was harsh and ill-controlled.

16.7

Reconozco que mi voz era áspera y mal controlada.

I put out my hand and touched something soft.

16.8

Extendí la mano y toqué algo suave.

At once the eyes darted sideways,

16.9

Al instante,

and something white ran past me.

16.10

los ojos se desviaron y algo blanco pasó corriendo a mi lado.

16.11 I turned with my heart in my mouth, and saw a queer little ape-like figure, its head held down in a peculiar manner, running across the sunlit space behind me.

Me volví con el corazón en la boca y vi una extraña figura simiesca, con la cabeza agachada de un modo peculiar, que corría por el espacio iluminado por el sol detrás de mí.

16.12 It blundered against a block of granite, staggered aside, and in a moment was hidden in a black shadow beneath another pile of ruined masonry.

Chocó contra un bloque de granito, se tambaleó a un lado y en un momento se ocultó en una sombra negra bajo otro montón de mampostería en ruinas.

17.1 "My impression of it is, of course, imperfect;

"Mi impresión de él es, por supuesto, imperfecta;

17.2 but I know it was a dull white,

pero sé que era de un blanco opaco,

17.3 and had strange large greyish-red eyes;

y que tenía unos extraños ojos grandes de color rojo grisáceo;

17.4 also that there was flaxen hair on its head and down its back.

también que tenía pelo de lino en la cabeza y en la espalda.

17.5 But, as I say, it went too fast for me to see distinctly.

Pero, como digo, iba demasiado deprisa para que yo pudiera verlo con claridad.

17.6 I cannot even say whether it ran on all fours, or only with its forearms held very low.

Ni siquiera puedo decir si corría a cuatro patas o sólo con los antebrazos muy bajos.

After an instant's pause I followed it into the second heap of ruins. 17.7

Tras un instante de pausa, lo seguí hasta el segundo montón de ruinas.

I could not find it at first; 17.8

Al principio no pude encontrarlo;

but, after a time in the profound obscurity, I came upon one of those round well-like openings of which I have told you, half closed by a fallen pillar. 17.9

pero, después de un rato en la profunda oscuridad, di con una de esas aberturas redondas en forma de pozo de las que os he hablado, medio cerrada por un pilar caído.

A sudden thought came to me. 17.10

Se me ocurrió una idea repentina.

Could this Thing have vanished down the shaft? 17.11

¿Podría haber desaparecido por el pozo?

I lit a match, and, looking down, I saw a small, white, moving creature, with large bright eyes which regarded me steadfastly as it retreated. 17.12

Encendí una cerilla y, al mirar hacia abajo, vi una criatura pequeña, blanca y móvil, con grandes ojos brillantes que me miraban fijamente mientras se retiraba.

It made me shudder. It was so like a human spider. 17.13

Me estremecí. Era tan parecida a una araña humana.

It was clambering down the wall, 17.14

Estaba trepando por la pared,

17.15 and now I saw for the first time a number of metal foot and hand rests forming a kind of ladder down the shaft.

y ahora vi por primera vez una serie de apoyos metálicos para pies y manos que formaban una especie de escalera por el pozo.

17.16 Then the light burned my fingers and fell out of my hand, going out as it dropped, and when I had lit another the little monster had disappeared.

Entonces la luz me quemó los dedos y se me cayó de la mano, apagándose al caer, y cuando encendí otra el pequeño monstruo había desaparecido.

18.1 "I do not know how long I sat peering down that well.

"No sé cuánto tiempo permanecí sentado mirando el pozo.

18.2 It was not for some time that I could succeed in persuading myself that the thing I had seen was human.

Durante algún tiempo no logré convencerme de que lo que había visto era humano.

18.3 But, gradually, the truth dawned on me: that Man had not remained one species, but had differentiated into two distinct animals: that my graceful children of the Upper World were not the sole descendants of our generation, but that this bleached, obscene, nocturnal Thing, which had flashed before me, was also heir to all the ages.

Pero, poco a poco, fui comprendiendo la verdad: que el hombre no había permanecido como una sola especie, sino que se había diferenciado en dos animales distintos; que mis graciosos hijos del Mundo Superior no eran los únicos descendientes de nuestra generación, sino que aquella cosa blanqueada, obscena y nocturna, que había aparecido ante mí, era también heredera de todas las edades.

"I thought of the flickering pillars and of my theory of an underground ventilation. 19.1

"Pensé en los pilares parpadeantes y en mi teoría de una ventilación subterránea.

I began to suspect their true import. 19.2

Empecé a sospechar su verdadero significado.

And what, I wondered, was this Lemur doing in my scheme of a perfectly balanced organisation? 19.3

¿Y qué hacía este Lemur en mi esquema de una organización perfectamente equilibrada?

How was it related to the indolent serenity of the beautiful Overworlders? 19.4

¿Qué relación guardaba con la indolente serenidad de los bellos habitantes del mundo?

And what was hidden down there, at the foot of that shaft? 19.5

¿Y qué se ocultaba allí abajo, al pie de aquel pozo?

I sat upon the edge of the well telling myself that, at any rate, there was nothing to fear, and that there I must descend for the solution of my difficulties. 19.6

Me senté al borde del pozo diciéndome que, en cualquier caso, no había nada que temer, y que allí debía descender para resolver mis dificultades.

And withal I was absolutely afraid to go! As I hesitated, 19.7

Y sin embargo, ¡tenía miedo de ir! Mientras vacilaba,

19.8 two of the beautiful upperworld people came running in their amorous sport across the daylight in the shadow.

dos de los hermosos habitantes del mundo superior corrieron en su amoroso deporte a través de la luz del día en la sombra.

19.9 The male pursued the female,

El macho perseguía a la hembra,

19.10 flinging flowers at her as he ran.

arrojándole flores mientras corría.

20.1 "They seemed distressed to find me, my arm against the overturned pillar, peering down the well.

"Parecían angustiados al verme, con el brazo apoyado en la columna derribada, asomado al pozo.

20.2 Apparently it was considered bad form to remark these apertures; for when I pointed to this one, and tried to frame a question about it in their tongue, they were still more visibly distressed and turned away.

Al parecer, se consideraba de mala educación hacer observaciones sobre estas aberturas, pues cuando señalé ésta y traté de formular una pregunta al respecto en su lengua, se mostraron aún más visiblemente angustiados y se dieron la vuelta.

20.3 But they were interested by my matches, and I struck some to amuse them.

Pero les interesaron mis cerillas y encendí algunas para entretenerlos.

20.4 I tried them again about the well, and again I failed.

Volví a preguntarles por el pozo, pero fracasé.

So presently I left them, meaning to go back to
Weena, and see what I could get from her.

20.5

Así que los dejé, con la intención de volver con Weena y ver
qué podía conseguir de ella.

But my mind was already in revolution;

20.6

Pero mi mente estaba ya en revolución;

my guesses and impressions were slipping and sliding
to a new adjustment.

20.7

mis conjeturas e impresiones se deslizaban y resbalaban
hacia un nuevo ajuste.

I had now a clue to the import of these wells, to the
ventilating towers, to the mystery of the ghosts;

20.8

Ahora tenía una pista sobre la importancia de aquellos
pozos, sobre las torres de ventilación, sobre el misterio de
los fantasmas;

to say nothing of a hint at the meaning of the bronze
gates and the fate of the Time Machine.

20.9

por no hablar de un indicio sobre el significado de las
puertas de bronce y el destino de la Máquina del Tiempo.

And very vaguely there came a suggestion towards
the solution of the economic problem that had
puzzled me.

20.10

Y muy vagamente llegó una sugerencia hacia la solución del
problema económico que me había desconcertado.

"Here was the new view.

21.1

"He aquí el nuevo punto de vista.

Plainly, this second species of Man was subterranean.

21.2

Era evidente que esta segunda especie de hombre era
subterránea.

172

21.3   There were three circumstances in particular which
       made me think that its rare emergence above ground
       was the outcome of a long-continued underground
       habit.

       Hubo tres circunstancias en particular que me hicieron
       pensar que su rara aparición en la superficie era el
       resultado de un hábito subterráneo continuado durante
       mucho tiempo.

21.4   In the first place, there was the bleached look
       common in most animals that live largely in the
       dark — the white fish of the Kentucky caves, for
       instance.

       En primer lugar, estaba el aspecto blanqueado común en
       la mayoría de los animales que viven en gran parte en la
       oscuridad: los peces blancos de las cuevas de Kentucky, por
       ejemplo.

21.5   Then, those large eyes, with that capacity for
       reflecting light, are common features of nocturnal
       things — witness the owl and the cat.

       Luego, esos ojos grandes, con esa capacidad para reflejar la
       luz, son rasgos comunes de los seres nocturnos: el búho y el
       gato.

21.6   And last of all, that evident confusion in the
       sunshine, that hasty yet fumbling awkward flight
       towards dark shadow, and that peculiar carriage
       of the head while in the light — all reinforced the
       theory of an extreme sensitiveness of the retina.

       Y por último, esa evidente confusión a la luz del sol, ese
       vuelo apresurado pero torpe y torpe hacia la sombra oscura,
       y ese peculiar porte de la cabeza cuando está a la luz, todo
       ello refuerza la teoría de una sensibilidad extrema de la
       retina.

"Beneath my feet, then, the earth must be tunnelled enormously, and these tunnellings were the habitat of the New Race. 22.1

"Bajo mis pies, pues, la tierra debía de estar enormemente tunelizada, y estos tunelamientos eran el hábitat de la Nueva Raza.

The presence of ventilating shafts and wells along the hill slopes - 22.2

La presencia de pozos de ventilación a lo largo de las laderas de las colinas -

everywhere, in fact, except along the river valley - 22.3

en todas partes, de hecho, excepto a lo largo del valle del río -

showed how universal were its ramifications. 22.4

mostraba cuán universales eran sus ramificaciones.

What so natural, then, as to assume that it was in this artificial Underworld that such work as was necessary to the comfort of the daylight race was done? 22.5

¿Qué había de tan natural, entonces, como suponer que era en este Inframundo artificial donde se realizaban los trabajos necesarios para la comodidad de la raza diurna?

The notion was so plausible that I at once accepted it, 22.6

La noción era tan plausible que la acepté de inmediato,

and went on to assume the how of this splitting of the human species. 22.7

y pasé a suponer el cómo de esta escisión de la especie humana.

I dare say you will anticipate the shape of my theory; 22.8

Me atrevo a decir que anticiparéis la forma de mi teoría;

22.9 though, for myself, I very soon felt that it fell far
short of the truth.

aunque, en lo que a mí respecta, muy pronto sentí que
distaba mucho de ser cierta.

23.1 "At first, proceeding from the problems of our own
age, it seemed clear as daylight to me that the gradual
widening of the present merely temporary and social
difference between the Capitalist and the Labourer
was the key to the whole position.

"Al principio, partiendo de los problemas de nuestra
propia época, me pareció claro como la luz del día que la
ampliación gradual de la actual diferencia meramente
temporal y social entre el capitalista y el trabajador era la
clave de toda la situación.

23.2 No doubt it will seem grotesque enough to you -

Sin duda os parecerá bastante grotesco -

23.3 and wildly incredible! -

y salvajemente increíble -

23.4 and yet even now there are existing circumstances to
point that way.

y, sin embargo, incluso ahora existen circunstancias que
apuntan en esa dirección.

23.5 There is a tendency to utilise underground space for
the less ornamental purposes of civilisation;

Hay una tendencia a utilizar el espacio subterráneo para los
fines menos ornamentales de la civilización;

there is the Metropolitan Railway in London, for
instance, there are new electric railways, there are
subways, there are underground workrooms and
restaurants, and they increase and multiply.

23.6

está el Ferrocarril Metropolitano de Londres, por ejemplo,
hay nuevos ferrocarriles eléctricos, hay metros, hay talleres
y restaurantes subterráneos, y aumentan y se multiplican.

Evidently, I thought, this tendency had increased till
Industry had gradually lost its birthright in the sky.

23.7

Evidentemente, pensé, esta tendencia había aumentado
hasta que la Industria había perdido gradualmente su
derecho de nacimiento en el cielo.

I mean that it had gone deeper and deeper into larger
and ever larger underground factories, spending a
still-increasing amount of its time therein, till, in the
end — !

23.8

Quiero decir que se había adentrado más y más en fábricas
subterráneas cada vez más grandes, pasando en ellas una
parte cada vez mayor de su tiempo, hasta que, ¡al final!

Even now,

23.9

Incluso ahora,

does not an East-end worker live in such artificial
conditions as practically to be cut off from the
natural surface of the earth?

23.10

¿no vive un obrero del Este en condiciones tan artificiales
que prácticamente está aislado de la superficie natural de la
tierra?

"Again, the exclusive tendency of richer people -

24.1

"Por otra parte, la tendencia excluyente de la gente más
rica -

24.2 due, no doubt, to the increasing refinement of their education, and the widening gulf between them and the rude violence of the poor -

debida, sin duda, al creciente refinamiento de su educación y a la brecha cada vez mayor que la separa de la ruda violencia de los pobres -

24.3 is already leading to the closing, in their interest, of considerable portions of the surface of the land.

ya está conduciendo al cierre, en su interés, de considerables porciones de la superficie de la tierra.

24.4 About London, for instance, perhaps half the prettier country is shut in against intrusion.

Alrededor de Londres, por ejemplo, tal vez la mitad del país más bonito está cerrado contra la intrusión.

24.5 And this same widening gulf -

Y este mismo abismo cada vez mayor -

24.6 which is due to the length and expense of the higher educational process and the increased facilities for and temptations towards refined habits on the part of the rich -

que se debe a la duración y a los gastos del proceso de educación superior y a las mayores facilidades y tentaciones hacia los hábitos refinados por parte de los ricos -

24.7 will make that exchange between class and class, that promotion by intermarriage which at present retards the splitting of our species along lines of social stratification, less and less frequent.

hará cada vez menos frecuente el intercambio entre clases, la promoción por medio de matrimonios mixtos que actualmente retrasa la división de nuestra especie a lo largo de las líneas de estratificación social.

So, in the end, above ground you must have the Haves, pursuing pleasure and comfort and beauty, and below ground the Have-nots, the Workers getting continually adapted to the conditions of their labour.

24.8

Así que, al final, en la superficie habrá que tener a los que tienen, buscando el placer, la comodidad y la belleza, y en el subsuelo a los que no tienen, los trabajadores adaptándose continuamente a las condiciones de su trabajo.

Once they were there, they would no doubt have to pay rent, and not a little of it, for the ventilation of their caverns;

24.9

Una vez allí, sin duda tendrían que pagar alquiler, y no poco, por la ventilación de sus cavernas;

and if they refused,

24.10

y si se negaban,

they would starve or be suffocated for arrears.

24.11

morirían de hambre o serían asfixiados por morosidad.

Such of them as were so constituted as to be miserable and rebellious would die;

24.12

Aquellos de entre ellos que estuvieran tan constituidos como para ser miserables y rebeldes morirían;

and, in the end, the balance being permanent, the survivors would become as well adapted to the conditions of underground life, and as happy in their way, as the Overworld people were to theirs.

24.13

y, al final, siendo el equilibrio permanente, los supervivientes se adaptarían tan bien a las condiciones de la vida subterránea, y serían tan felices a su manera, como la gente del Ultramundo lo era a la suya.

24.14 **As it seemed to me,**
Según me pareció,

24.15 **the refined beauty and the etiolated pallor followed naturally enough.**
la belleza refinada y la palidez etiolada se sucedieron con toda naturalidad.

25.1 **"The great triumph of Humanity I had dreamed of took a different shape in my mind.**
"El gran triunfo de la Humanidad que había soñado tomó una forma diferente en mi mente.

25.2 **It had been no such triumph of moral education and general co-operation as I had imagined.**
No había sido el triunfo de la educación moral y de la cooperación general que yo había imaginado.

25.3 **Instead, I saw a real aristocracy, armed with a perfected science and working to a logical conclusion the industrial system of today.**
Por el contrario, vi una verdadera aristocracia, armada con una ciencia perfeccionada y llevando a una conclusión lógica el sistema industrial de hoy.

25.4 **Its triumph had not been simply a triumph over Nature,**
Su triunfo no había sido simplemente un triunfo sobre la Naturaleza,

25.5 **but a triumph over Nature and the fellow-man.**
sino un triunfo sobre la Naturaleza y el prójimo.

25.6 **This, I must warn you, was my theory at the time.**
Esta, debo advertirles, era mi teoría en aquel momento.

I had no convenient cicerone in the pattern of the Utopian books. 25.7
No tenía ningún cicerone conveniente en el modelo de los libros utópicos.

My explanation may be absolutely wrong. 25.8
Mi explicación puede estar absolutamente equivocada.

I still think it is the most plausible one. 25.9
Sigo pensando que es la más plausible.

But even on this supposition the balanced civilisation that was at last attained must have long since passed its zenith, and was now far fallen into decay. 25.10
Pero incluso en este supuesto, la civilización equilibrada que finalmente se alcanzó debía haber pasado hace tiempo su cenit, y ahora estaba muy caída en la decadencia.

The too-perfect security of the Overworlders had led them to a slow movement of degeneration, to a general dwindling in size, strength, and intelligence. 25.11
La seguridad demasiado perfecta de los habitantes de los mundos superiores los había llevado a un lento movimiento de degeneración, a una disminución general de tamaño, fuerza e inteligencia.

That I could see clearly enough already. 25.12
Eso ya lo veía con suficiente claridad.

What had happened to the Undergrounders I did not yet suspect; 25.13
Aún no sospechaba lo que les había ocurrido a los Subterráneos;

25.14 but, from what I had seen of the Morlocks — that, by the bye, was the name by which these creatures were called — I could imagine that the modification of the human type was even far more profound than among the

pero, por lo que había visto de los Morlocks - así, por cierto, se llamaba a estas criaturas-, podía imaginar que la modificación del tipo humano era aún mucho más profunda que entre los

25.15 'Eloi,' the beautiful race that I already knew.

"Eloi," la hermosa raza que ya conocía.

26.1 "Then came troublesome doubts.

"Luego vinieron las dudas problemáticas.

26.2 Why had the Morlocks taken my Time Machine?

¿Por qué los Morlocks se habían llevado mi Máquina del Tiempo?

26.3 For I felt sure it was they who had taken it.

Estaba seguro de que habían sido ellos.

26.4 Why, too, if the Eloi were masters, could they not restore the machine to me?

¿Por qué, si los Eloi eran los amos, no podían devolverme la máquina?

26.5 And why were they so terribly afraid of the dark?

¿Y por qué tenían tanto miedo a la oscuridad?

26.6 I proceeded, as I have said, to question Weena about this Underworld, but here again I was disappointed.

Procedí, como ya he dicho, a interrogar a Weena acerca de este Inframundo, pero también en este caso quedé decepcionado.

At first she would not understand my questions, and presently she refused to answer them. 26.7

Al principio no entendía mis preguntas y luego se negó a contestarlas.

She shivered as though the topic was unendurable. 26.8

Temblaba como si el tema fuera insoportable.

And when I pressed her, perhaps a little harshly, she burst into tears. 26.9

Y cuando la presioné, tal vez con un poco de dureza, rompió a llorar.

They were the only tears, except my own, I ever saw in that Golden Age. 26.10

Fueron las únicas lágrimas, excepto las mías, que vi en aquella Edad de Oro.

When I saw them I ceased abruptly to trouble about the Morlocks, 26.11

Cuando las vi,

and was only concerned in banishing these signs of her human inheritance from Weena's eyes. 26.12

dejé bruscamente de preocuparme por los Morlocks y sólo me preocupé de desterrar de los ojos de Weena aquellos signos de su herencia humana.

And very soon she was smiling and clapping her hands, 26.13

Y muy pronto ella estaba sonriendo y aplaudiendo,

while I solemnly burnt a match. 26.14

mientras yo quemaba solemnemente una cerilla.

IX. The Morlocks

IX. Los Morlocks

1.1 "It may seem odd to you,
"Puede parecerle extraño,

1.2 but it was two days before I could follow up the new-found clue in what was manifestly the proper way.
pero pasaron dos días antes de que pudiera seguir la pista recién descubierta de la manera que era manifiestamente la adecuada.

1.3 I felt a peculiar shrinking from those pallid bodies.
Sentí un peculiar encogimiento ante aquellos cuerpos pálidos.

1.4 They were just the half-bleached colour of the worms and things one sees preserved in spirit in a zoological museum.
Tenían el color medio blanqueado de los gusanos y las cosas que uno ve conservadas en espíritu en un museo zoológico.

1.5 And they were filthily cold to the touch.
Y estaban asquerosamente fríos al tacto.

Probably my shrinking was largely due to the sympathetic influence of the Eloi, 1.6

Probablemente mi encogimiento se debía en gran parte a la simpática influencia de los Eloi,

whose disgust of the Morlocks I now began to appreciate. 1.7

cuya repugnancia hacia los Morlocks empezaba ahora a apreciar.

"The next night I did not sleep well. 2.1

"La noche siguiente no dormí bien.

Probably my health was a little disordered. 2.2

Probablemente mi salud estaba un poco desordenada.

I was oppressed with perplexity and doubt. 2.3

Me oprimían la perplejidad y la duda.

Once or twice I had a feeling of intense fear for which I could perceive no definite reason. 2.4

Una o dos veces tuve una sensación de miedo intenso para la cual no podía percibir ninguna razón definida.

I remember creeping noiselessly into the great hall where the little people were sleeping in the moonlight - 2.5

Recuerdo que me arrastré sin hacer ruido hasta la gran sala donde dormían los pequeños a la luz de la luna -

that night Weena was among them - 2.6

aquella noche Weena estaba entre ellos -

and feeling reassured by their presence. 2.7

y me sentí reconfortado por su presencia.

2.8 It occurred to me even then, that in the course of a few days the moon must pass through its last quarter, and the nights grow dark, when the appearances of these unpleasant creatures from below, these whitened Lemurs, this new vermin that had replaced the old, might be more abundant.

Ya entonces se me ocurrió que en el curso de unos pocos días la luna debía atravesar su último cuarto y las noches oscurecerse, cuando las apariciones de estas desagradables criaturas de abajo, estos lémures blanqueados, esta nueva alimaña que había reemplazado a la vieja, podrían ser más abundantes.

2.9 And on both these days I had the restless feeling of one who shirks an inevitable duty.

Y en estos dos días tuve la inquieta sensación de quien elude un deber inevitable.

2.10 I felt assured that the Time Machine was only to be recovered by boldly penetrating these mysteries of underground.

Tenía la seguridad de que la Máquina del Tiempo sólo se recuperaría penetrando audazmente en estos misterios del subsuelo.

2.11 Yet I could not face the mystery.

Sin embargo, no podía enfrentarme al misterio.

2.12 If only I had had a companion it would have been different.

Si hubiera tenido un compañero, habría sido diferente.

2.13 But I was so horribly alone,

Pero estaba horriblemente solo,

2.14 and even to clamber down into the darkness of the well appalled me.

e incluso descender a la oscuridad del pozo me horrorizaba.

I don't know if you will understand my feeling, 2.15

No sé si entenderás mi sentimiento,

but I never felt quite safe at my back. 2.16

pero nunca me sentí del todo segura a mi espalda.

"It was this restlessness, this insecurity, perhaps, 3.1
that drove me farther and farther afield in my
exploring expeditions.

"Fue esta inquietud, esta inseguridad, tal vez, lo que
me llevó cada vez más lejos en mis expediciones de
exploración.

Going to the south-westward towards the rising 3.2
country that is now called Combe Wood, I observed
far-off, in the direction of nineteenth-century
Banstead, a vast green structure, different in
character from any I had hitherto seen.

Dirigiéndome hacia el suroeste, hacia el terreno elevado
que ahora se llama Combe Wood, observé a lo lejos, en
dirección a la decimonónica Banstead, una vasta estructura
verde, de carácter diferente a todas las que había visto
hasta entonces.

It was larger than the largest of the palaces or ruins I 3.3
knew,

Era más grande que el mayor de los palacios o ruinas que
conocía,

and the façade had an Oriental look: 3.4

y la fachada tenía un aspecto oriental:

the face of it having the lustre, as well as the pale- 3.5
green tint, a kind of bluish-green, of a certain type of
Chinese porcelain.

la cara tenía el brillo, así como el tinte verde pálido, una
especie de verde azulado, de cierto tipo de porcelana china.

3.6 This difference in aspect suggested a difference in use,
Esta diferencia de aspecto sugería una diferencia de uso,

3.7 and I was minded to push on and explore.
y yo estaba decidido a seguir adelante y explorar.

3.8 But the day was growing late,
Pero el día se estaba haciendo tarde,

3.9 and I had come upon the sight of the place after a long and tiring circuit;
y había llegado a la vista del lugar después de un largo y fatigoso circuito;

3.10 so I resolved to hold over the adventure for the following day,
así que resolví aplazar la aventura para el día siguiente,

3.11 and I returned to the welcome and the caresses of little Weena.
y volví a la bienvenida y a las caricias de la pequeña Weena.

3.12 But next morning I perceived clearly enough that my curiosity regarding the Palace of Green Porcelain was a piece of self-deception, to enable me to shirk, by another day, an experience I dreaded.
Pero a la mañana siguiente percibí con suficiente claridad que mi curiosidad por el Palacio de la Porcelana Verde era un autoengaño que me permitía eludir, un día más, una experiencia que temía.

3.13 I resolved I would make the descent without further waste of time,
Resolví que haría el descenso sin más pérdida de tiempo,

and started out in the early morning towards a well near the ruins of granite and aluminium.

3.14

y me puse en marcha a primera hora de la mañana hacia un pozo cercano a las ruinas de granito y aluminio.

"Little Weena ran with me.

4.1

"La pequeña Weena corrió conmigo.

She danced beside me to the well, but when she saw me lean over the mouth and look downward, she seemed strangely disconcerted.

4.2

Bailó a mi lado hasta el pozo, pero cuando me vio inclinarme sobre la boca y mirar hacia abajo, pareció extrañamente desconcertada.

'Good-bye, little Weena,' I said, kissing her;

4.3

Adiós, pequeña Weena," le dije, besándola;

and then putting her down, I began to feel over the parapet for the climbing hooks.

4.4

y luego, dejándola en el suelo, empecé a buscar por encima del parapeto los ganchos de escalada.

Rather hastily, I may as well confess, for I feared my courage might leak away.

4.5

Más bien apresuradamente, lo confieso, pues temía que se me escapara el valor.

At first she watched me in amazement.

4.6

Al principio me miró con asombro.

Then she gave a most piteous cry, and running to me, she began to pull at me with her little hands.

4.7

Luego lanzó un grito lastimero y, corriendo hacia mí, empezó a tirar de mí con sus manitas.

4.8 I think her opposition nerved me rather to proceed.

Creo que su oposición me animó a continuar.

4.9 I shook her off, perhaps a little roughly, and in another moment I was in the throat of the well.

Me la quité de encima, tal vez con un poco de brusquedad, y en un momento estaba en la garganta del pozo.

4.10 I saw her agonised face over the parapet, and smiled to reassure her.

Vi su cara de agonía por encima del parapeto y sonreí para tranquilizarla.

4.11 Then I had to look down at the unstable hooks to which I clung.

Entonces tuve que mirar hacia abajo, a los inestables ganchos a los que me aferraba.

5.1 "I had to clamber down a shaft of perhaps two hundred yards.

"Tuve que descender por un pozo de unos doscientos metros.

5.2 The descent was effected by means of metallic bars projecting from the sides of the well, and these being adapted to the needs of a creature much smaller and lighter than myself, I was speedily cramped and fatigued by the descent.

El descenso se efectuaba por medio de barras metálicas que sobresalían de los lados del pozo, y como éstas estaban adaptadas a las necesidades de una criatura mucho más pequeña y ligera que yo, el descenso me produjo rápidamente calambres y fatiga.

5.3 And not simply fatigued.

Y no sólo fatigado.

One of the bars bent suddenly under my weight, and almost swung me off into the blackness beneath.

5.4

Una de las barras se dobló repentinamente bajo mi peso y casi me hizo caer en la oscuridad.

For a moment I hung by one hand,

5.5

Por un momento quedé colgado de una mano,

and after that experience I did not dare to rest again.

5.6

y después de aquella experiencia no me atreví a volver a descansar.

Though my arms and back were presently acutely painful,

5.7

Aunque me dolían mucho los brazos y la espalda,

I went on clambering down the sheer descent with as quick a motion as possible.

5.8

seguí trepando por la escarpada pendiente con la mayor rapidez posible.

Glancing upward, I saw the aperture, a small blue disc, in which a star was visible, while little Weena's head showed as a round black projection.

5.9

Mirando hacia arriba, vi la abertura, un pequeño disco azul, en el que se veía una estrella, mientras que la cabeza de la pequeña Weena aparecía como un saliente redondo y negro.

The thudding sound of a machine below grew louder and more oppressive.

5.10

El ruido sordo de una máquina se hacía cada vez más fuerte y opresivo.

5.11 Everything save that little disc above was profoundly dark, and when I looked up again Weena had disappeared.

Todo, excepto el pequeño disco de arriba, estaba profundamente oscuro, y cuando volví a mirar hacia arriba, Weena había desaparecido.

6.1 "I was in an agony of discomfort.

"Estaba en una agonía de incomodidad.

6.2 I had some thought of trying to go up the shaft again, and leave the Underworld alone.

Pensé en volver a subir por el pozo y abandonar el Inframundo.

6.3 But even while I turned this over in my mind I continued to descend.

Pero mientras le daba vueltas a la idea, continué descendiendo.

6.4 At last, with intense relief, I saw dimly coming up, a foot to the right of me, a slender loophole in the wall.

Por fin, con intenso alivio, vi tenuemente que se acercaba, a un palmo a mi derecha, una esbelta aspillera en la pared.

6.5 Swinging myself in,

Introduciéndome en ella,

6.6 I found it was the aperture of a narrow horizontal tunnel in which I could lie down and rest.

descubrí que era la abertura de un estrecho túnel horizontal en el que podía tumbarme y descansar.

6.7 It was not too soon.

No era demasiado pronto.

My arms ached, my back was cramped, and I was
trembling with the prolonged terror of a fall.

6.8

Me dolían los brazos, tenía calambres en la espalda y
temblaba por el prolongado terror a una caída.

Besides this,

6.9

Además,

the unbroken darkness had had a distressing effect
upon my eyes.

6.10

la oscuridad ininterrumpida había tenido un efecto
angustioso sobre mis ojos.

The air was full of the throb and hum of machinery
pumping air down the shaft.

6.11

El aire estaba lleno del latido y el zumbido de la maquinaria
que bombeaba aire por el pozo.

"I do not know how long I lay.

7.1

"No sé cuánto tiempo estuve tumbada.

I was arroused by a soft hand touching my face.

7.2

Me despertó una mano suave que me tocaba la cara.

Starting up in the darkness I snatched at my matches
and, hastily striking one, I saw three stooping white
creatures similar to the one I had seen above ground
in the ruin, hastily retreating before the light.

7.3

Levantándome en la oscuridad, cogí las cerillas y, al
encender una, vi tres criaturas blancas y encorvadas,
parecidas a las que había visto en la ruina, que se retiraban
apresuradamente ante la luz.

7.4 Living, as they did, in what appeared to me impenetrable darkness, their eyes were abnormally large and sensitive, just as are the pupils of the abysmal fishes, and they reflected the light in the same way.

Viviendo, como vivían, en lo que me pareció una oscuridad impenetrable, sus ojos eran anormalmente grandes y sensibles, como lo son las pupilas de los peces abismales, y reflejaban la luz de la misma manera.

7.5 I have no doubt they could see me in that rayless obscurity,

No me cabe duda de que podían verme en aquella oscuridad sin rayos,

7.6 and they did not seem to have any fear of me apart from the light.

y no parecían tenerme ningún miedo aparte de la luz.

7.7 But, so soon as I struck a match in order to see them, they fled incontinently, vanishing into dark gutters and tunnels, from which their eyes glared at me in the strangest fashion.

Pero, en cuanto encendí una cerilla para verlos, huyeron incontinentemente, desapareciendo en oscuras alcantarillas y túneles, desde donde sus ojos me miraban de la manera más extraña.

8.1 "I tried to call to them, but the language they had was apparently different from that of the Overworld people; so that I was needs left to my own unaided efforts, and the thought of flight before exploration was even then in my mind.

"Intenté llamarles, pero el idioma que hablaban era, al parecer, distinto del de los habitantes de Ultramundo, por lo que tuve que valerme por mí mismo, y la idea de huir antes de explorar ya estaba en mi mente.

But I said to myself, 'You are in for it now,' 8.2
Pero me dije a mí mismo: "Ahora te toca a ti"

and, feeling my way along the tunnel, I found the 8.3
noise of machinery grow louder.
y, avanzando a tientas por el túnel, sentí que el ruido de la
maquinaria se hacía cada vez más fuerte.

Presently the walls fell away from me, and I came 8.4
to a large open space, and striking another match,
saw that I had entered a vast arched cavern, which
stretched into utter darkness beyond the range of my
light.
Al poco rato, las paredes desaparecieron y llegué a un gran
espacio abierto; encendí otra cerilla y vi que había entrado
en una inmensa caverna arqueada que se extendía en la
oscuridad más allá del alcance de mi luz.

The view I had of it was as much as one could see in 8.5
the burning of a match.
La vista que tenía de ella era todo lo que se podía ver
mientras ardía una cerilla.

"Necessarily my memory is vague. 9.1
"Necesariamente mi memoria es vaga.

Great shapes like big machines rose out of the 9.2
dimness, and cast grotesque black shadows, in which
dim spectral Morlocks sheltered from the glare.
Grandes formas, como grandes máquinas, surgían de la
penumbra y proyectaban grotescas sombras negras, en las
que morlocks espectrales se refugiaban del resplandor.

194

9.3 The place, by the bye, was very stuffy and oppressive, and the faint halitus of freshly-shed blood was in the air.

El lugar, por cierto, era muy sofocante y opresivo, y en el aire se percibía el leve halito de la sangre recién derramada.

9.4 Some way down the central vista was a little table of white metal,

A cierta distancia de la vista central había una pequeña mesa de metal blanco,

9.5 laid with what seemed a meal.

con lo que parecía una comida.

9.6 The Morlocks at any rate were carnivorous!

En cualquier caso, ¡los morlocks eran carnívoros!

9.7 Even at the time,

Incluso en aquel momento,

9.8 I remember wondering what large animal could have survived to furnish the red joint I saw.

recuerdo que me preguntaba qué animal de gran tamaño podría haber sobrevivido para amueblar el porro rojo que vi.

9.9 It was all very indistinct:

Todo era muy indistinto:

9.10 the heavy smell, the big unmeaning shapes, the obscene figures lurking in the shadows, and only waiting for the darkness to come at me again!

el pesado olor, las grandes formas sin sentido, las figuras obscenas que acechaban en las sombras, ¡y sólo esperaban que la oscuridad volviera a atacarme!

Then the match burnt down, and stung my fingers, and fell, a wriggling red spot in the blackness. 9.11

Entonces la cerilla se consumió, me picó en los dedos y cayó, una mancha roja retorciéndose en la negrura.

"I have thought since how particularly ill-equipped I was for such an experience. 10.1

"Desde entonces he pensado en lo mal preparado que estaba para semejante experiencia.

When I had started with the Time Machine, 10.2

Cuando había empezado con la Máquina del Tiempo,

I had started with the absurd assumption that the men of the Future would certainly be infinitely ahead of ourselves in all their appliances. 10.3

lo había hecho con la absurda suposición de que los hombres del Futuro estarían sin duda infinitamente por delante de nosotros en todos sus aparatos.

I had come without arms, without medicine, without anything to smoke — at times I missed tobacco frightfully! 10.4

Había venido sin armas, sin medicinas, sin nada para fumar — ¡a veces echaba terriblemente de menos el tabaco!

— even without enough matches. 10.5

— , incluso sin suficientes cerillas.

If only I had thought of a Kodak! 10.6

¡Si hubiera pensado en una Kodak!

I could have flashed that glimpse of the Underworld in a second, and examined it at leisure. 10.7

Habría podido echar un vistazo al Inframundo en un segundo y examinarlo con tranquilidad.

10.8 But, as it was, I stood there with only the weapons and the powers that Nature had endowed me with — hands, feet, and teeth;

Pero, tal como estaban las cosas, me quedé allí con sólo las armas y los poderes con que la Naturaleza me había dotado: manos, pies y dientes;

10.9 these, and four safety-matches that still remained to me.

éstos, y cuatro fósforos de seguridad que aún me quedaban.

11.1 "I was afraid to push my way in among all this machinery in the dark,

"Tenía miedo de abrirme paso entre toda aquella maquinaria en la oscuridad,

11.2 and it was only with my last glimpse of light I discovered that my store of matches had run low.

y sólo cuando vi por última vez la luz descubrí que me había quedado sin cerillas.

11.3 It had never occurred to me until that moment that there was any need to economise them, and I had wasted almost half the box in astonishing the Overworlders, to whom fire was a novelty.

Hasta ese momento no se me había ocurrido que era necesario economizarlas, y había malgastado casi la mitad de la caja en asombrar a los overworlders, para quienes el fuego era una novedad.

Now, as I say, I had four left, and while I stood in   11.4
the dark, a hand touched mine, lank fingers came
feeling over my face, and I was sensible of a peculiar
unpleasant odour.

Ahora, como he dicho, me quedaban cuatro, y mientras
estaba de pie en la oscuridad, una mano tocó la mía, unos
dedos larguiruchos pasaron palpando por mi cara y percibí
un peculiar olor desagradable.

I fancied I heard the breathing of a crowd of those   11.5
dreadful little beings about me.

Me pareció oír la respiración de una multitud de esos
espantosos seres a mi alrededor.

I felt the box of matches in my hand being gently   11.6
disengaged, and other hands behind me plucking at
my clothing.

Sentí que me soltaban suavemente la caja de cerillas
que tenía en la mano y que otras manos detrás de mí me
desgarraban la ropa.

The sense of these unseen creatures examining me   11.7
was indescribably unpleasant.

La sensación de que aquellas criaturas invisibles me
examinaban era indescriptiblemente desagradable.

The sudden realisation of my ignorance of their ways   11.8
of thinking and doing came home to me very vividly
in the darkness.

En la oscuridad, me di cuenta de mi ignorancia sobre su
forma de pensar y de actuar.

I shouted at them as loudly as I could.   11.9

Les grité tan fuerte como pude.

11.10　They started away, and then I could feel them approaching me again.

Se alejaron y luego sentí que se acercaban de nuevo.

11.11　They clutched at me more boldly,

Se aferraron a mí con más fuerza,

11.12　whispering odd sounds to each other.

susurrándose extraños sonidos.

11.13　I shivered violently, and shouted again — rather discordantly.

Me estremecí violentamente y volví a gritar de forma bastante discordante.

11.14　This time they were not so seriously alarmed,

Esta vez no estaban tan seriamente alarmados,

11.15　and they made a queer laughing noise as they came back at me.

e hicieron un extraño ruido de risa mientras volvían hacia mí.

11.16　I will confess I was horribly frightened.

Confieso que me asusté muchísimo.

11.17　I determined to strike another match and escape under the protection of its glare.

Decidí encender otra cerilla y escapar al amparo de su resplandor.

11.18　I did so, and eking out the flicker with a scrap of paper from my pocket, I made good my retreat to the narrow tunnel.

Así lo hice, y apagando el parpadeo con un trozo de papel que llevaba en el bolsillo, me retiré al estrecho túnel.

But I had scarce entered this when my light was blown out and in the blackness I could hear the Morlocks rustling like wind among leaves, and pattering like the rain, as they hurried after me. 11.19

Pero apenas había entrado en él, mi luz se apagó y en la oscuridad pude oír a los morlocks crujir como el viento entre las hojas y repiquetear como la lluvia, mientras corrían tras de mí.

"In a moment I was clutched by several hands, 12.1

"En un momento me agarraron varias manos,

and there was no mistaking that they were trying to haul me back. 12.2

y no había duda de que intentaban arrastrarme hacia atrás.

I struck another light, and waved it in their dazzled faces. 12.3

Encendí otra luz y la agité en sus rostros deslumbrados.

You can scarce imagine how nauseatingly inhuman they looked — those pale, chinless faces and great, lidless, pinkish-grey eyes. 12.4

Apenas puede imaginarse lo nauseabundamente inhumanos que parecían - esos rostros pálidos y sin barbilla y esos grandes ojos sin párpados de un gris rosáceo - mientras miraban en su ceguera y desconcierto.

— as they stared in their blindness and bewilderment. 12.5

Pero no me quedé mirando, se lo prometo: Me retiré de nuevo, y cuando mi segunda cerilla hubo terminado, encendí la tercera.

12.6 But I did not stay to look, I promise you: I retreated again, and when my second match had ended, I struck my third.

Casi se había consumido cuando llegué a la abertura del pozo.

12.7 It had almost burnt through when I reached the opening into the shaft.

Me tumbé en el borde, pues el palpitar de la gran bomba que había debajo me daba vértigo.

12.8 I lay down on the edge,

Al hacerlo,

12.9 for the throb of the great pump below made me giddy.

me agarraron los pies por detrás y me empujaron violentamente hacia atrás.

12.10 Then I felt sideways for the projecting hooks, and, as I did so, my feet were grasped from behind, and I was violently tugged backward.

Encendí mi última cerilla ...y se apagó incontinentemente.

I lit my last match ...and it incontinently went
out. But I had my hand on the climbing bars now,
and, kicking violently, I disengaged myself from
the clutches of the Morlocks, and was speedily
clambering up the shaft, while they stayed peering
and blinking up at me: all but one little wretch who
followed me for some way, and well-nigh secured my
boot as a trophy.

12.11

Pero ahora tenía la mano en las barras de escalada y,
pataleando violentamente, me libré de las garras de los
morlocks y trepé rápidamente por el pozo, mientras ellos
se quedaban mirándome y parpadeando: todos menos un
desgraciado que me siguió durante un buen trecho y casi
consiguió mi bota como trofeo. .

"That climb seemed interminable to me.

13.1

"Aquella subida me pareció interminable.

With the last twenty or thirty feet of it a deadly
nausea came upon me.

13.2

En los últimos seis o siete metros me entró una náusea
mortal.

I had the greatest difficulty in keeping my hold.

13.3

Tuve grandes dificultades para mantenerme firme.

The last few yards was a frightful struggle against this
faintness.

13.4

Los últimos metros fueron una lucha espantosa contra este
desvanecimiento.

Several times my head swam, and I felt all the
sensations of falling.

13.5

Varias veces me dio vueltas la cabeza y sentí todas las
sensaciones de la caída.

13.6 At last, however, I got over the well-mouth somehow, and staggered out of the ruin into the blinding sunlight.

Al fin, sin embargo, logré superar la boca del pozo y salí tambaleándome de la ruina a la cegadora luz del sol.

13.7 I fell upon my face. Even the soil smelt sweet and clean.

Caí de bruces. Hasta el suelo olía dulce y limpio.

13.8 Then I remember Weena kissing my hands and ears,

Entonces recordé a Weena besándome las manos y las orejas,

13.9 and the voices of others among the Eloi.

y las voces de otros Eloi.

13.10 Then, for a time, I was insensible.

Entonces, durante un tiempo, quedé insensible.

X. When Night Came

X. Cuando Llegó la Noche

1.1 "Now, indeed, I seemed in a worse case than before.
"Ahora, en efecto, parecía estar en peor situación que antes.

1.2 Hitherto, except during my night's anguish at the loss
of the Time Machine, I had felt a sustaining hope of
ultimate escape, but that hope was staggered by these
new discoveries.
Hasta entonces, excepto durante mi angustia nocturna
por la pérdida de la Máquina del Tiempo, había sentido
una esperanza sostenida de escapar en última instancia,
pero esa esperanza se tambaleaba ante estos nuevos
descubrimientos.

1.3 Hitherto I had merely thought myself impeded by the
childish simplicity of the little people, and by some
unknown forces which I had only to understand to
overcome;
Hasta entonces sólo me había creído impedido por la
simplicidad infantil de la gentecilla y por algunas fuerzas
desconocidas que sólo tenía que comprender para vencer;

but there was an altogether new element in the sickening quality of the Morlocks — a something inhuman and malign.

1.4

pero había un elemento completamente nuevo en la cualidad enfermiza de los Morlocks: algo inhumano y maligno.

Instinctively I loathed them.

1.5

Instintivamente los aborrecía.

Before, I had felt as a man might feel who had fallen into a pit:

1.6

Antes me había sentido como un hombre que ha caído en un pozo:

my concern was with the pit and how to get out of it.

1.7

mi preocupación era el pozo y cómo salir de él.

Now I felt like a beast in a trap,

1.8

Ahora me sentía como una bestia en una trampa,

whose enemy would come upon him soon.

1.9

cuyo enemigo no tardaría en caer sobre él.

"The enemy I dreaded may surprise you.

2.1

"El enemigo que temía puede sorprenderte.

It was the darkness of the new moon.

2.2

Era la oscuridad de la luna nueva.

Weena had put this into my head by some at first incomprehensible remarks about the Dark Nights.

2.3

Weena me lo había metido en la cabeza con unos comentarios al principio incomprensibles sobre las Noches Oscuras.

2.4 It was not now such a very difficult problem to guess what the coming Dark Nights might mean.

Ahora ya no era tan difícil adivinar qué significarían las noches oscuras.

2.5 The moon was on the wane:

La luna estaba menguando:

2.6 each night there was a longer interval of darkness.

cada noche había un intervalo más largo de oscuridad.

2.7 And I now understood to some slight degree at least the reason of the fear of the little Upperworld people for the dark.

Y ahora comprendía, al menos hasta cierto punto, la razón del miedo de los pequeños habitantes del Alto Mundo a la oscuridad.

2.8 I wondered vaguely what foul villainy it might be that the Morlocks did under the new moon.

Me pregunté vagamente qué viles villanías cometerían los Morlocks bajo la luna nueva.

2.9 I felt pretty sure now that my second hypothesis was all wrong.

Ahora estaba seguro de que mi segunda hipótesis era errónea.

2.10 The Upperworld people might once have been the favoured aristocracy,

Los habitantes de Ultramundo podían haber sido en otro tiempo la aristocracia favorecida,

2.11 and the Morlocks their mechanical servants:

y los Morlocks sus sirvientes mecánicos:

2.12 but that had long since passed away.

pero eso había pasado hacía mucho tiempo.

The two species that had resulted from the evolution of man were sliding down towards, or had already arrived at, an altogether new relationship. 2.13

Las dos especies que habían resultado de la evolución del hombre se deslizaban hacia una relación totalmente nueva, o ya habían llegado a ella.

The Eloi, like the Carlovignan kings, had decayed to a mere beautiful futility. 2.14

Los Eloi, como los reyes de Carlovignan, habían decaído hasta convertirse en una mera y hermosa futilidad.

They still possessed the earth on sufferance: since the Morlocks, subterranean for innumerable generations, had come at last to find the daylit surface intolerable. 2.15

Seguían poseyendo la tierra a su pesar, ya que los Morlocks, subterráneos durante innumerables generaciones, habían llegado por fin a encontrar intolerable la superficie iluminada por el día.

And the Morlocks made their garments, I inferred, and maintained them in their habitual needs, perhaps through the survival of an old habit of service. 2.16

Y los Morlocks confeccionaban sus vestimentas, deduje, y los mantenían en sus necesidades habituales, tal vez por la supervivencia de un viejo hábito de servicio.

They did it as a standing horse paws with his foot, 2.17

Lo hacían como un caballo parado da zarpazos con el pie,

or as a man enjoys killing animals in sport: 2.18

o como un hombre disfruta matando animales por deporte:

2.19 **because ancient and departed necessities had impressed it on the organism.**

porque antiguas y difuntas necesidades lo habían impreso en el organismo.

2.20 **But, clearly, the old order was already in part reversed.**

Pero, evidentemente, el antiguo orden ya se había invertido en parte.

2.21 **The Nemesis of the delicate ones was creeping on apace.**

La Némesis de los delicados avanzaba a pasos agigantados.

2.22 **Ages ago, thousands of generations ago, man had thrust his brother man out of the ease and the sunshine.**

Hace siglos, miles de generaciones, el hombre había expulsado a su hermano el hombre de la facilidad y la luz del sol.

2.23 **And now that brother was coming back — changed!**

Y ahora ese hermano volvía, ¡cambiado!

2.24 **Already the Eloi had begun to learn one old lesson anew.**

Los Eloi ya habían empezado a aprender de nuevo una vieja lección.

2.25 **They were becoming reacquainted with Fear.**

Se estaban familiarizando de nuevo con el Miedo.

2.26 **And suddenly there came into my head the memory of the meat I had seen in the Underworld.**

Y de repente me vino a la cabeza el recuerdo de la carne que había visto en el Inframundo.

It seemed odd how it floated into my mind:

2.27

Me pareció extraño cómo flotó en mi mente:

not stirred up as it were by the current of my
meditations,

2.28

no suscitado por la corriente de mis meditaciones,

but coming in almost like a question from outside.

2.29

sino llegado casi como una pregunta desde el exterior.

I tried to recall the form of it.

2.30

Intenté recordar su forma.

I had a vague sense of something familiar,

2.31

Tuve una vaga sensación de algo familiar,

but I could not tell what it was at the time.

2.32

pero no podía decir qué era en aquel momento.

"Still, however helpless the little people in the
presence of their mysterious Fear, I was differently
constituted.

3.1

"Sin embargo, por muy indefensas que estuvieran
las personitas ante su misterioso Miedo, yo tenía una
constitución diferente.

I came out of this age of ours, this ripe prime of
the human race, when Fear does not paralyse and
mystery has lost its terrors.

3.2

Yo salí de esta edad nuestra, de esta madurez de la raza
humana, cuando el Miedo no paraliza y el misterio ha
perdido sus terrores.

I at least would defend myself.

3.3

Yo al menos me defendería.

3.4 Without further delay I determined to make myself arms and a fastness where I might sleep.

Sin más demora decidí hacerme de armas y de un refugio donde dormir.

3.5 With that refuge as a base,

Con ese refugio como base,

3.6 I could face this strange world with some of that confidence I had lost in realising to what creatures night by night I lay exposed.

podría enfrentarme a este extraño mundo con algo de la confianza que había perdido al darme cuenta de a qué criaturas me exponía noche tras noche.

3.7 I felt I could never sleep again until my bed was secure from them.

Sentía que no podría volver a dormir hasta que mi cama estuviera a salvo de ellas.

3.8 I shuddered with horror to think how they must already have examined me.

Me estremecí de horror al pensar cómo debían de haberme examinado ya.

4.1 "I wandered during the afternoon along the valley of the Thames,

"Vagué durante la tarde a lo largo del valle del Támesis,

4.2 but found nothing that commended itself to my mind as inaccessible.

pero no encontré nada que se me antojara inaccesible.

All the buildings and trees seemed easily practicable
to such dexterous climbers as the Morlocks, to judge
by their wells, must be.
4.3

Todos los edificios y árboles parecían fácilmente
practicables para escaladores tan diestros como deben
ser los morlocks, a juzgar por sus pozos.

Then the tall pinnacles of the Palace of Green
Porcelain and the polished gleam of its walls came
back to my memory;
4.4

Entonces volvieron a mi memoria los altos pináculos del
Palacio de Porcelana Verde y el pulido brillo de sus muros;

and in the evening, taking Weena like a child upon
my shoulder, I went up the hills towards the south-
west.
4.5

y al atardecer, llevando a Weena como a una niña sobre mi
hombro, subí por las colinas hacia el sudoeste.

The distance, I had reckoned, was seven or eight
miles, but it must have been nearer eighteen.
4.6

Había calculado que la distancia era de siete u ocho millas,
pero debía de estar más cerca de las dieciocho.

I had first seen the place on a moist afternoon when
distances are deceptively diminished.
4.7

Había visto el lugar por primera vez en una tarde húmeda,
cuando las distancias se reducen engañosamente.

In addition, the heel of one of my shoes was loose,
and a nail was working through the sole — they were
comfortable old shoes I wore about indoors — so that
I was lame.
4.8

Además, el tacón de uno de mis zapatos estaba suelto y un
clavo había atravesado la suela (eran unos zapatos viejos
y cómodos que usaba para andar por casa), de modo que
estaba cojo.

4.9 And it was already long past sunset when I came in sight of the palace,

Ya había pasado la puesta de sol cuando divisé el palacio,

4.10 silhouetted black against the pale yellow of the sky.

que se perfilaba negro contra el amarillo pálido del cielo.

5.1 "Weena had been hugely delighted when I began to carry her, but after a while she desired me to let her down, and ran along by the side of me, occasionally darting off on either hand to pick flowers to stick in my pockets.

"Weena había estado encantada cuando empecé a llevarla, pero al cabo de un rato deseó que la soltara y se puso a correr a mi lado, de vez en cuando corriendo a ambos lados para coger flores y metérmelas en los bolsillos.

5.2 My pockets had always puzzled Weena,

Mis bolsillos siempre habían desconcertado a Weena,

5.3 but at the last she had concluded that they were an eccentric kind of vases for floral decoration.

pero al final había llegado a la conclusión de que eran una especie de jarrones excéntricos para la decoración floral.

5.4 At least she utilised them for that purpose.

Al menos ella los utilizaba con ese fin.

5.5 And that reminds me! In changing my jacket I found ..."

¡Y eso me recuerda! Al cambiarme la chaqueta encontré ..."

The Time Traveller paused, put his hand into his 6.1
pocket, and silently placed two withered flowers, not
unlike very large white mallows, upon the little table.
El Viajero del Tiempo hizo una pausa, se metió la mano en
el bolsillo y depositó silenciosamente sobre la mesita dos
flores marchitas, parecidas a grandes malvas blancas.

Then he resumed his narrative. 6.2
Luego reanudó su relato.

"As the hush of evening crept over the world and we 7.1
proceeded over the hill crest towards Wimbledon,
"Cuando el silencio del atardecer se apoderó del mundo y
avanzamos por la cresta de la colina hacia Wimbledon,

Weena grew tired and wanted to return to the house 7.2
of grey stone.
Weena se cansó y quiso volver a la casa de piedra gris.

But I pointed out the distant pinnacles of the Palace 7.3
of Green Porcelain to her, and contrived to make her
understand that we were seeking a refuge there from
her Fear.
Pero yo le señalé los pináculos lejanos del Palacio de
Porcelana Verde y me las ingenié para hacerle comprender
que buscábamos allí un refugio contra su Miedo.

You know that great pause that comes upon things 7.4
before the dusk?
¿Conoces esa gran pausa que sobreviene a las cosas antes
del crepúsculo?

Even the breeze stops in the trees. 7.5
Incluso la brisa se detiene en los árboles.

7.6 **To me there is always an air of expectation about that evening stillness.**

Para mí siempre hay un aire de expectación en esa quietud vespertina.

7.7 **The sky was clear, remote, and empty save for a few horizontal bars far down in the sunset.**

El cielo estaba despejado, remoto y vacío, salvo por unas pocas barras horizontales en el ocaso.

7.8 **Well,**

Pues bien,

7.9 **that night the expectation took the colour of my fears.**

aquella noche la expectación tomó el color de mis temores.

7.10 **In that darkling calm my senses seemed preternaturally sharpened.**

En aquella calma tenebrosa, mis sentidos parecían agudizarse de un modo sobrenatural.

7.11 **I fancied I could even feel the hollowness of the ground beneath my feet:**

Creía incluso sentir la oquedad del suelo bajo mis pies:

7.12 **could, indeed, almost see through it the Morlocks on their ant-hill going hither and thither and waiting for the dark.**

podía, de hecho, casi ver a través de él a los Morlocks en su hormiguero yendo de aquí para allá y esperando la oscuridad.

7.13 **In my excitement I fancied that they would receive my invasion of their burrows as a declaration of war.**

En mi excitación, pensé que recibirían mi invasión de sus madrigueras como una declaración de guerra.

And why had they taken my Time Machine?   7.14
¿Y por qué se habían llevado mi Máquina del Tiempo?

"So we went on in the quiet,   8.1
"Así continuamos en silencio,

and the twilight deepened into night.   8.2
y el crepúsculo se convirtió en noche.

The clear blue of the distance faded,   8.3
El azul claro de la lejanía se desvaneció,

and one star after another came out.   8.4
y una estrella tras otra fueron apareciendo.

The ground grew dim and the trees black.   8.5
El suelo se oscureció y los árboles se ennegrecieron.

Weena's fears and her fatigue grew upon her.   8.6
El miedo y el cansancio se apoderaron de Weena.

I took her in my arms and talked to her and caressed   8.7
her.
La cogí en brazos, le hablé y la acaricié.

Then, as the darkness grew deeper, she put her arms   8.8
round my neck, and, closing her eyes, tightly pressed
her face against my shoulder.
Luego, cuando la oscuridad se hizo más profunda, me
rodeó el cuello con los brazos y, cerrando los ojos, apretó
fuertemente la cara contra mi hombro.

So we went down a long slope into a valley, and there   8.9
in the dimness I almost walked into a little river.
Descendimos por una larga pendiente hasta un valle, y allí,
en la penumbra, casi me metí en un pequeño río.

8.10 This I waded, and went up the opposite side of the valley, past a number of sleeping houses, and by a statue — a Faun, or some such figure, minus the head.

Lo vadeé y subí por el lado opuesto del valle, pasando junto a varias casas dormidas y una estatua, un fauno o una figura parecida, sin cabeza.

8.11 Here too were acacias.

Aquí también había acacias.

8.12 So far I had seen nothing of the Morlocks, but it was yet early in the night, and the darker hours before the old moon rose were still to come.

Hasta entonces no había visto nada de los morlocks, pero aún era temprano en la noche, y todavía faltaban las horas más oscuras antes de que saliera la vieja luna.

9.1 "From the brow of the next hill I saw a thick wood spreading wide and black before me.

"Desde la cima de la siguiente colina vi un espeso bosque que se extendía ancho y negro ante mí.

9.2 I hesitated at this. I could see no end to it,

Dudé al verlo. No veía el final,

9.3 either to the right or the left.

ni a derecha ni a izquierda.

9.4 Feeling tired — my feet, in particular, were very sore — I carefully lowered Weena from my shoulder as I halted, and sat down upon the turf.

Cansado, sobre todo porque me dolían mucho los pies, bajé con cuidado a Weena del hombro cuando me detuve y me senté en la hierba.

I could no longer see the Palace of Green Porcelain, and I was in doubt of my direction.

9.5

Ya no podía ver el Palacio de Porcelana Verde y dudaba de mi dirección.

I looked into the thickness of the wood and thought of what it might hide.

9.6

Miré en la espesura del bosque y pensé en lo que podría esconder.

Under that dense tangle of branches one would be out of sight of the stars.

9.7

Bajo aquella densa maraña de ramas no se verían las estrellas.

Even were there no other lurking danger — a danger I did not care to let my imagination loose upon — there would still be all the roots to stumble over and the tree-boles to strike against.

9.8

Aunque no hubiera ningún otro peligro acechante - un peligro sobre el que no me importaba dejar volar mi imaginación-, aún quedaban todas las raíces con las que tropezar y los troncos de los árboles contra los que golpearse.

I was very tired, too, after the excitements of the day;

9.9

Estaba muy cansado, además, después de las excitaciones del día;

so I decided that I would not face it,

9.10

así que decidí que no lo afrontaría,

but would pass the night upon the open hill.

9.11

sino que pasaría la noche en la colina abierta.

"Weena, I was glad to find, was fast asleep.

10.1

"Me alegró comprobar que Weena dormía profundamente.

10.2 I carefully wrapped her in my jacket, and sat down beside her to wait for the moonrise.

La envolví cuidadosamente en mi chaqueta y me senté a su lado a esperar la salida de la luna.

10.3 The hillside was quiet and deserted,

La ladera estaba silenciosa y desierta,

10.4 but from the black of the wood there came now and then a stir of living things.

pero desde la oscuridad del bosque llegaba de vez en cuando un rumor de seres vivos.

10.5 Above me shone the stars, for the night was very clear.

Sobre mí brillaban las estrellas, pues la noche era muy clara.

10.6 I felt a certain sense of friendly comfort in their twinkling.

Su titilar me produjo cierta sensación de amistoso consuelo.

10.7 All the old constellations had gone from the sky,

Sin embargo,

10.8 however:

todas las antiguas constelaciones habían desaparecido del cielo:

10.9 that slow movement which is imperceptible in a hundred human lifetimes, had long since rearranged them in unfamiliar groupings.

ese lento movimiento, imperceptible en cien vidas humanas, hacía tiempo que las había reorganizado en agrupaciones desconocidas.

But the Milky Way, it seemed to me, was still the
same tattered streamer of star-dust as of yore.

10.10

Pero la Vía Láctea, me pareció, seguía siendo el mismo jirón
de polvo estelar de antaño.

Southward (as I judged it) was a very bright red star
that was new to me;

10.11

Hacia el sur (a mi juicio) había una estrella roja muy
brillante que era nueva para mí;

it was even more splendid than our own green Sirius.

10.12

era incluso más espléndida que nuestra verde Sirio.

And amid all these scintillating points of light one
bright planet shone kindly and steadily like the face
of an old friend.

10.13

Y en medio de todos estos centelleantes puntos de luz, un
brillante planeta brillaba amable y firmemente como el
rostro de un viejo amigo.

"Looking at these stars suddenly dwarfed my own
troubles and all the gravities of terrestrial life.

11.1

"Al contemplar estas estrellas, mis propios problemas y
toda la gravedad de la vida terrestre se empequeñecieron de
repente.

I thought of their unfathomable distance, and the
slow inevitable drift of their movements out of the
unknown past into the unknown future.

11.2

Pensé en su insondable distancia y en la lenta e inevitable
deriva de sus movimientos desde un pasado desconocido
hacia un futuro desconocido.

I thought of the great precessional cycle that the pole
of the earth describes.

11.3

Pensé en el gran ciclo precesional que describe el polo de la
tierra.

11.4 Only forty times had that silent revolution occurred during all the years that I had traversed.

Sólo cuarenta veces se había producido esa revolución silenciosa durante todos los años que yo había recorrido.

11.5 And during these few revolutions all the activity, all the traditions, the complex organisations, the nations, languages, literatures, aspirations, even the mere memory of Man as I knew him, had been swept out of existence.

Y durante esas pocas revoluciones toda la actividad, todas las tradiciones, las complejas organizaciones, las naciones, lenguas, literaturas, aspiraciones, incluso el mero recuerdo del Hombre tal como yo lo conocía, habían sido barridos de la existencia.

11.6 Instead were these frail creatures who had forgotten their high ancestry,

En su lugar estaban estas frágiles criaturas que habían olvidado su elevada ascendencia,

11.7 and the white Things of which I went in terror.

y las Cosas blancas de las que yo iba aterrorizado.

11.8 Then I thought of the Great Fear that was between the two species, and for the first time, with a sudden shiver, came the clear knowledge of what the meat I had seen might be.

Entonces pensé en el Gran Miedo que había entre las dos especies, y por primera vez, con un súbito escalofrío, me llegó el claro conocimiento de lo que podía ser la carne que había visto.

11.9 Yet it was too horrible!

Sin embargo, ¡era demasiado horrible!

I looked at little Weena sleeping beside me, her face white and starlike under the stars, and forthwith dismissed the thought. 11.10

Miré a la pequeña Weena, que dormía a mi lado, con el rostro blanco y estrellado bajo las estrellas, e inmediatamente deseché el pensamiento.

"Through that long night I held my mind off the Morlocks as well as I could, 12.1

"A lo largo de aquella larga noche mantuve mi mente alejada de los Morlocks lo mejor que pude,

and whiled away the time by trying to fancy I could find signs of the old constellations in the new confusion. 12.2

y pasé el tiempo tratando de imaginar que podía encontrar señales de las antiguas constelaciones en la nueva confusión.

The sky kept very clear, 12.3

El cielo se mantenía muy despejado,

except for a hazy cloud or so. 12.4

excepto por alguna nube brumosa.

No doubt I dozed at times. 12.5

Sin duda, a veces me quedaba dormido.

Then, as my vigil wore on, came a faintness in the eastward sky, like the reflection of some colourless fire, and the old moon rose, thin and peaked and white. 12.6

Luego, a medida que avanzaba mi vigilia, se produjo un desvanecimiento en el cielo hacia el este, como el reflejo de un fuego incoloro, y salió la vieja luna, delgada y blanca.

222

12.7 And close behind, and overtaking it, and overflowing it, the dawn came, pale at first, and then growing pink and warm.

Y muy cerca, sobrepasándola y desbordándola, llegó el amanecer, pálido al principio y luego rosado y cálido.

12.8 No Morlocks had approached us. Indeed,

Ningún Morlocks se había acercado a nosotros. De hecho,

12.9 I had seen none upon the hill that night.

no había visto ninguno en la colina aquella noche.

12.10 And in the confidence of renewed day it almost seemed to me that my fear had been unreasonable.

Y en la confianza de un día renovado casi me pareció que mi temor había sido irrazonable.

12.11 I stood up and found my foot with the loose heel swollen at the ankle and painful under the heel;

Me levanté y me encontré el pie con el talón suelto hinchado a la altura del tobillo y dolorido bajo el talón;

12.12 so I sat down again, took off my shoes, and flung them away.

así que volví a sentarme, me quité los zapatos y los arrojé lejos de mí.

13.1 "I awakened Weena, and we went down into the wood, now green and pleasant instead of black and forbidding.

"Desperté a Weena y bajamos al bosque, ahora verde y agradable en vez de negro y tenebroso.

13.2 We found some fruit wherewith to break our fast.

Encontramos fruta con la que romper el ayuno.

We soon met others of the dainty ones, 13.3

Pronto nos encontramos con otras de las delicadas,

laughing and dancing in the sunlight as though there 13.4
was no such thing in nature as the night.

que reían y bailaban a la luz del sol como si la noche no
existiera en la naturaleza.

And then I thought once more of the meat that I had 13.5
seen.

Y entonces volví a pensar en la carne que había visto.

I felt assured now of what it was, 13.6

Ahora estaba seguro de lo que era,

and from the bottom of my heart I pitied this last 13.7
feeble rill from the great flood of humanity.

y desde el fondo de mi corazón me compadecí de este
último débil riachuelo de la gran inundación de la
humanidad.

Clearly, at some time in the Long-Ago of human decay 13.8
the Morlocks' food had run short.

Evidentemente, en algún momento del Largo-Ago de la
decadencia humana, la comida de los Morlocks se había
agotado.

Possibly they had lived on rats and such-like vermin. 13.9

Posiblemente habían vivido de ratas y alimañas similares.

Even now man is far less discriminating and 13.10
exclusive in his food than he was — far less than
any monkey.

Incluso ahora el hombre es mucho menos exigente y
exclusivo en su alimentación de lo que era, mucho menos
que cualquier mono.

13.11 His prejudice against human flesh is no deep-seated instinct.

Su prejuicio contra la carne humana no es un instinto profundamente arraigado.

13.12 And so these inhuman sons of men —— ! I tried to look at the thing in a scientific spirit.

Así que estos inhumanos hijos de los hombres ...Intenté analizar el asunto con espíritu científico.

13.13 After all,

Después de todo,

13.14 they were less human and more remote than our cannibal ancestors of three or four thousand years ago.

eran menos humanos y más remotos que nuestros antepasados caníbales de hace tres o cuatro mil años.

13.15 And the intelligence that would have made this state of things a torment had gone.

Y la inteligencia que habría hecho de este estado de cosas un tormento había desaparecido.

13.16 Why should I trouble myself?

¿Por qué iba a preocuparme?

13.17 These Eloi were mere fatted cattle, which the ant-like Morlocks preserved and preyed upon — probably saw to the breeding of.

Estos Eloi no eran más que ganado cebado, que los Morlocks, semejantes a las hormigas, conservaban y depredaban, y probablemente se ocupaban de criar.

13.18 And there was Weena dancing at my side!.

Y allí estaba Weena, bailando a mi lado.

"Then I tried to preserve myself from the horror that was coming upon me, 14.1

"Entonces traté de preservarme del horror que se me venía encima,

by regarding it as a rigorous punishment of human selfishness. 14.2

considerándolo como un riguroso castigo del egoísmo humano.

Man had been content to live in ease and delight upon the labours of his fellow-man, had taken Necessity as his watchword and excuse, and in the fullness of time Necessity had come home to him. 14.3

El hombre se había contentado con vivir en la facilidad y el deleite de los trabajos de su prójimo, había tomado la Necesidad como su consigna y excusa, y en la plenitud del tiempo la Necesidad se había vuelto contra él.

I even tried a Carlyle-like scorn of this wretched aristocracy in decay. 14.4

Incluso intenté un desprecio a lo Carlyle de esta desdichada aristocracia en decadencia.

But this attitude of mind was impossible. 14.5

Pero esta actitud mental era imposible.

However great their intellectual degradation, the Eloi had kept too much of the human form not to claim my sympathy, and to make me perforce a sharer in their degradation and their Fear. 14.6

Por grande que fuera su degradación intelectual, los Eloi habían conservado demasiado de la forma humana como para no reclamar mi simpatía y hacerme forzosamente partícipe de su degradación y su Miedo.

15.1 "I had at that time very vague ideas as to the course I should pursue.

"En aquel momento tenía ideas muy vagas sobre el camino que debía seguir.

15.2 My first was to secure some safe place of refuge, and to make myself such arms of metal or stone as I could contrive.

Lo primero que se me ocurrió fue buscar un lugar seguro donde refugiarme y fabricarme armas de metal o piedra.

15.3 That necessity was immediate.

Esa necesidad era inmediata.

15.4 In the next place, I hoped to procure some means of fire, so that I should have the weapon of a torch at hand, for nothing, I knew, would be more efficient against these Morlocks.

En segundo lugar, esperaba conseguir algún medio de fuego, para tener a mano el arma de una antorcha, pues sabía que nada sería más eficaz contra aquellos morlocks.

15.5 Then I wanted to arrange some contrivance to break open the doors of bronze under the White Sphinx.

Luego quería preparar algún artilugio para romper las puertas de bronce bajo la Esfinge Blanca.

15.6 I had in mind a battering ram.

Tenía en mente un ariete.

15.7 I had a persuasion that if I could enter those doors and carry a blaze of light before me I should discover the Time Machine and escape.

Tenía la persuasión de que si lograba entrar por aquellas puertas y llevar ante mí un resplandor de luz descubriría la Máquina del Tiempo y escaparía.

I could not imagine the Morlocks were strong enough 15.8
to move it far away.

No podía imaginar que los Morlocks fueran lo bastante
fuertes como para alejarla.

Weena I had resolved to bring with me to our own 15.9
time.

Había decidido llevar a Weena conmigo a nuestro propio
tiempo.

And turning such schemes over in my mind I pursued 15.10
our way towards the building which my fancy had
chosen as our dwelling.

Y dándole vueltas a tales planes en mi mente seguí nuestro
camino hacia el edificio que mi imaginación había elegido
como nuestra morada.

XI. The Palace of Green Porcelain

XI. El Palacio de la Porcelana Verde

1.1 "I found the Palace of Green Porcelain, when we approached it about noon, deserted and falling into ruin.

"Cuando nos acercamos a mediodía, encontré el Palacio de la Porcelana Verde desierto y en ruinas.

1.2 Only ragged vestiges of glass remained in its windows, and great sheets of the green facing had fallen away from the corroded metallic framework.

En sus ventanas sólo quedaban vestigios de cristal y grandes láminas del revestimiento verde se habían desprendido del corroído armazón metálico.

1.3 It lay very high upon a turfy down, and looking north-eastward before I entered it, I was surprised to see a large estuary, or even creek, where I judged Wandsworth and Battersea must once have been.

Estaba situada en lo alto de una colina cubierta de césped, y al mirar hacia el nordeste, antes de entrar en ella, me sorprendió ver un gran estuario, o incluso un arroyo, donde creí que debían de haber estado Wandsworth y Battersea.

I thought then - though I never followed up the thought -

1.4

Pensé entonces - aunque nunca seguí pensando en ello -

of what might have happened, or might be happening, to the living things in the sea.

1.5

en lo que podría haber sucedido o estar sucediendo a los seres vivos en el mar.

"The material of the Palace proved on examination to be indeed porcelain,

2.1

"El material del palacio resultó ser porcelana,

and along the face of it I saw an inscription in some unknown character.

2.2

y en su superficie vi una inscripción de carácter desconocido.

I thought, rather foolishly, that Weena might help me to interpret this, but I only learnt that the bare idea of writing had never entered her head.

2.3

Pensé, un poco tontamente, que Weena podría ayudarme a interpretarla, pero sólo supe que nunca se le había pasado por la cabeza la simple idea de escribir.

She always seemed to me, I fancy, more human than she was, perhaps because her affection was so human.

2.4

Siempre me pareció más humana de lo que era, tal vez porque su afecto era muy humano.

"Within the big valves of the door -

3.1

"Dentro de las grandes válvulas de la puerta -

which were open and broken -

3.2

que estaban abiertas y rotas -

3.3 we found, instead of the customary hall, a long gallery lit by many side windows.

encontramos, en lugar del habitual vestíbulo, una larga galería iluminada por muchas ventanas laterales.

3.4 At the first glance I was reminded of a museum.

A primera vista me recordó a un museo.

3.5 The tiled floor was thick with dust,

El suelo de baldosas estaba cubierto de polvo,

3.6 and a remarkable array of miscellaneous objects was shrouded in the same grey covering.

y una notable variedad de objetos diversos se hallaba envuelta en la misma cubierta gris.

3.7 Then I perceived, standing strange and gaunt in the centre of the hall, what was clearly the lower part of a huge skeleton.

Entonces percibí, de pie, extraño y demacrado en el centro de la sala, lo que era claramente la parte inferior de un enorme esqueleto.

3.8 I recognised by the oblique feet that it was some extinct creature after the fashion of the Megatherium.

Reconocí por los pies oblicuos que se trataba de una criatura extinguida al estilo del Megatherium.

3.9 The skull and the upper bones lay beside it in the thick dust, and in one place, where rain-water had dropped through a leak in the roof, the thing itself had been worn away.

El cráneo y los huesos superiores yacían a su lado en el polvo espeso, y en un lugar, donde el agua de lluvia había caído a través de una gotera en el techo, la cosa misma se había desgastado.

Further in the gallery was the huge skeleton barrel of a Brontosaurus. 3.10

Más allá, en la galería, estaba el enorme esqueleto de un Brontosaurio.

My museum hypothesis was confirmed. 3.11

Mi hipótesis museística se confirmaba.

Going towards the side I found what appeared to be sloping shelves, and clearing away the thick dust, I found the old familiar glass cases of our own time. 3.12

Dirigiéndome hacia un lateral encontré lo que parecían ser estanterías inclinadas, y quitando el espeso polvo, encontré las viejas y familiares vitrinas de nuestra época.

But they must have been air-tight to judge from the fair preservation of some of their contents. 3.13

Pero debían de ser herméticas, a juzgar por la buena conservación de algunos de sus contenidos.

"Clearly we stood among the ruins of some latter-day South Kensington. 4.1

"Estaba claro que nos encontrábamos entre las ruinas de un South Kensington de los últimos tiempos.

4.2 Here, apparently, was the Palæontological Section, and a very splendid array of fossils it must have been, though the inevitable process of decay that had been staved off for a time, and had, through the extinction of bacteria and fungi, lost ninety-nine hundredths of its force, was nevertheless, with extreme sureness if with extreme slowness at work again upon all its treasures.

Aquí, aparentemente, estaba la Sección Paleontológica, y debía de ser un espléndido conjunto de fósiles, aunque el inevitable proceso de descomposición que se había detenido durante un tiempo y que, por la extinción de bacterias y hongos, había perdido noventa y nueve centésimas partes de su fuerza, estaba sin embargo, con extrema seguridad aunque con extrema lentitud, trabajando de nuevo sobre todos sus tesoros.

4.3 Here and there I found traces of the little people in the shape of rare fossils broken to pieces or threaded in strings upon reeds.

Aquí y allá encontré rastros de la pequeña gente en forma de raros fósiles rotos en pedazos o ensartados en cuerdas sobre cañas.

4.4 And the cases had in some instances been bodily removed — by the Morlocks, as I judged.

En algunos casos, los morlocks, a mi juicio, se habían llevado las cajas.

4.5 The place was very silent.

El lugar era muy silencioso.

4.6 The thick dust deadened our footsteps.

El polvo espeso amortiguaba nuestros pasos.

Weena, who had been rolling a sea urchin down the
sloping glass of a case, presently came, as I stared
about me, and very quietly took my hand and stood
beside me.

4.7

Weena, que había estado haciendo rodar un erizo de mar
por el cristal inclinado de una vitrina, se acercó en ese
momento, mientras yo miraba fijamente a mi alrededor,
me cogió de la mano con toda tranquilidad y se puso a mi
lado.

"And at first I was so much surprised by this ancient
monument of an intellectual age that I gave no
thought to the possibilities it presented.

5.1

"Y al principio me sorprendió tanto este antiguo
monumento de una época intelectual que no pensé en
las posibilidades que presentaba.

Even my preoccupation about the Time Machine
receded a little from my mind.

5.2

Incluso mi preocupación por la Máquina del Tiempo
desapareció un poco de mi mente.

"To judge from the size of the place,

6.1

"A juzgar por el tamaño del lugar,

this Palace of Green Porcelain had a great deal more
in it than a Gallery of Palæontology;

6.2

este Palacio de Porcelana Verde tenía mucho más que una
Galería de Paleontología;

possibly historical galleries; it might be,

6.3

posiblemente galerías históricas; ¡podría ser,

even a library!

6.4

incluso una biblioteca!

6.5 To me, at least in my present circumstances, these would be vastly more interesting than this spectacle of old-time geology in decay.

Para mí, al menos en mis circunstancias actuales, éstas serían mucho más interesantes que este espectáculo de geología antigua en decadencia.

6.6 Exploring,

Explorando,

6.7 I found another short gallery running transversely to the first.

encontré otra galería corta que corría transversalmente a la primera.

6.8 This appeared to be devoted to minerals,

Parecía estar dedicada a los minerales,

6.9 and the sight of a block of sulphur set my mind running on gunpowder.

y la visión de un bloque de azufre me hizo pensar en la pólvora.

6.10 But I could find no saltpetre; indeed, no nitrates of any kind.

Pero no encontré salitre ni nitratos de ninguna clase.

6.11 Doubtless they had deliquesced ages ago.

Sin duda habían desaparecido hacía mucho tiempo.

6.12 Yet the sulphur hung in my mind,

Sin embargo,

6.13 and set up a train of thinking.

el azufre permaneció en mi mente y me hizo pensar.

As for the rest of the contents of that gallery, though
on the whole they were the best preserved of all I saw,
I had little interest.

6.14

En cuanto al resto del contenido de aquella galería, aunque
en conjunto era el mejor conservado de todos los que vi,
tenía poco interés.

I am no specialist in mineralogy,

6.15

No soy especialista en mineralogía,

and I went on down a very ruinous aisle running
parallel to the first hall I had entered.

6.16

y seguí por un pasillo muy ruinoso que corría paralelo a la
primera sala por la que había entrado.

Apparently this section had been devoted to natural
history, but everything had long since passed out of
recognition.

6.17

Al parecer, esta sección había estado dedicada a la historia
natural, pero hacía tiempo que todo había perdido su
reconocimiento.

A few shrivelled and blackened vestiges of what had
once been stuffed animals, desiccated mummies
in jars that had once held spirit, a brown dust of
departed plants:

6.18

Unos pocos vestigios marchitos y ennegrecidos de lo que
una vez habían sido animales disecados, momias disecadas
en frascos que una vez habían contenido espíritu, un polvo
marrón de plantas difuntas:

that was all! I was sorry for that,

6.19

¡eso era todo! Lo lamenté,

6.20 **because I should have been glad to trace the patient readjustments by which the conquest of animated nature had been attained.**

porque me habría gustado seguir los pacientes reajustes mediante los cuales se había logrado la conquista de la naturaleza animada.

6.21 **Then we came to a gallery of simply colossal proportions, but singularly ill-lit, the floor of it running downward at a slight angle from the end at which I entered.**

Luego llegamos a una galería de proporciones simplemente colosales, pero singularmente mal iluminada, cuyo suelo descendía en un ligero ángulo desde el extremo por el que entré.

6.22 **At intervals white globes hung from the ceiling — many of them cracked and smashed — which suggested that originally the place had been artificially lit.**

A intervalos colgaban del techo globos blancos, muchos de ellos rotos y destrozados, lo que sugería que originalmente el lugar había estado iluminado artificialmente.

6.23 **Here I was more in my element, for rising on either side of me were the huge bulks of big machines, all greatly corroded and many broken down, but some still fairly complete.**

Aquí me encontraba más en mi elemento, pues a ambos lados se alzaban los enormes bultos de grandes máquinas, todas muy corroídas y muchas averiadas, pero algunas todavía bastante completas.

6.24 **You know I have a certain weakness for mechanism,**

Ya sabéis que tengo cierta debilidad por los mecanismos,

6.25 **and I was inclined to linger among these;**

y me sentí inclinado a entretenerme entre ellos;

the more so as for the most part they had the interest of puzzles,   6.26

tanto más cuanto que en su mayor parte tenían el interés de los rompecabezas,

and I could make only the vaguest guesses at what they were for.   6.27

y yo sólo podía hacer vagas conjeturas de para qué servían.

I fancied that if I could solve their puzzles I should find myself in possession of powers that might be of use against the Morlocks.   6.28

Creía que si lograba resolver sus enigmas, estaría en posesión de poderes que podrían serme útiles contra los Morlocks.

"Suddenly Weena came very close to my side.   7.1

"De repente Weena se acercó mucho a mi lado.

So suddenly that she startled me.   7.2

Tan de repente que me sobresaltó.

Had it not been for her I do not think I should have noticed that the floor of the gallery sloped at all.   7.3

De no haber sido por ella, creo que no me habría dado cuenta de que el suelo de la galería estaba inclinado.

The end I had come in at was quite above ground, and was lit by rare slit-like windows.   7.4

El extremo por el que yo había entrado estaba bastante por encima del suelo y estaba iluminado por unas raras ventanas en forma de rendija.

7.5 As you went down the length, the ground came up against these windows, until at last there was a pit like the

A medida que se descendía, el suelo se acercaba a esas ventanas, hasta que al final había un pozo como el

7.6 'area' of a London house before each,

"área" de una casa londinense delante de cada una,

7.7 and only a narrow line of daylight at the top.

y sólo una estrecha línea de luz diurna en la parte superior.

7.8 I went slowly along, puzzling about the machines, and had been too intent upon them to notice the gradual diminution of the light, until Weena's increasing apprehensions drew my attention.

Yo avanzaba lentamente, intrigado por las máquinas, y había estado demasiado concentrado en ellas para darme cuenta de la disminución gradual de la luz, hasta que la creciente aprensión de Weena atrajo mi atención.

7.9 Then I saw that the gallery ran down at last into a thick darkness.

Entonces vi que la galería se adentraba en una espesa oscuridad.

7.10 I hesitated, and then, as I looked round me, I saw that the dust was less abundant and its surface less even.

Vacilé, y luego, al mirar a mi alrededor, vi que el polvo era menos abundante y su superficie menos uniforme.

7.11 Further away towards the dimness, it appeared to be broken by a number of small narrow footprints.

Más lejos, hacia la penumbra, parecía estar interrumpida por una serie de pequeñas y estrechas huellas.

My sense of the immediate presence of the Morlocks revived at that. 7.12

Mi sensación de la presencia inmediata de los Morlocks se reavivó en ese momento.

I felt that I was wasting my time in the academic examination of machinery. 7.13

Sentí que estaba perdiendo el tiempo en el examen académico de la maquinaria.

I called to mind that it was already far advanced in the afternoon, and that I had still no weapon, no refuge, and no means of making a fire. 7.14

Recordé que la tarde estaba ya muy avanzada y que aún no tenía armas, ni refugio, ni medios para hacer fuego.

And then down in the remote blackness of the gallery I heard a peculiar pattering, and the same odd noises I had heard down the well. 7.15

Y entonces, en la remota negrura de la galería, oí un golpeteo peculiar y los mismos ruidos extraños que había oído en el pozo.

"I took Weena's hand. 8.1

"Cogí la mano de Weena.

Then, struck with a sudden idea, I left her and turned to a machine from which projected a lever not unlike those in a signal-box. 8.2

Entonces, golpeado por una idea repentina, la dejé y me volví hacia una máquina de la que salía una palanca no muy diferente de las de una caja de señales.

Clambering upon the stand, and grasping this lever in my hands, I put all my weight upon it sideways. 8.3

Me subí al soporte y, agarrando la palanca con las manos, puse todo mi peso de lado sobre ella.

8.4   Suddenly Weena, deserted in the central aisle, began to whimper.

De pronto Weena, abandonada en el pasillo central, empezó a gemir.

8.5   I had judged the strength of the lever pretty correctly, for it snapped after a minute's strain, and I rejoined her with a mace in my hand more than sufficient, I judged, for any Morlock skull I might encounter.

Había juzgado la fuerza de la palanca con bastante acierto, pues se rompió tras un minuto de esfuerzo, y volví a reunirme con ella con una maza en la mano más que suficiente, a mi juicio, para cualquier cráneo morlock que pudiera encontrarme.

8.6   And I longed very much to kill a Morlock or so.

Y tenía muchas ganas de matar a un morlock o algo así.

8.7   Very inhuman, you may think, to want to go killing one's own descendants!

Muy inhumano, pensarán, ¡querer matar a los propios descendientes!

8.8   But it was impossible, somehow, to feel any humanity in the things.

Pero era imposible, de algún modo, sentir humanidad alguna en esas cosas.

Only my disinclination to leave Weena, and a persuasion that if I began to slake my thirst for murder my Time Machine might suffer, restrained me from going straight down the gallery and killing the brutes I heard. 8.9

Sólo mi desgana por abandonar a Weena y el convencimiento de que si empezaba a saciar mi sed de asesinato mi Máquina del Tiempo podría sufrir, me impidieron bajar directamente a la galería y matar a los brutos que oía.

"Well, mace in one hand and Weena in the other, I went out of that gallery and into another and still larger one, which at the first glance reminded me of a military chapel hung with tattered flags. 9.1

"Pues bien, con la maza en una mano y Weena en la otra, salí de aquella galería y entré en otra aún más grande, que a primera vista me recordó una capilla militar colgada de banderas hechas jirones.

The brown and charred rags that hung from the sides of it, 9.2

Los harapos marrones y carbonizados que colgaban de los lados,

I presently recognised as the decaying vestiges of books. 9.3

los reconocí enseguida como vestigios decadentes de libros.

They had long since dropped to pieces, and every semblance of print had left them. 9.4

Hacía tiempo que se habían hecho pedazos y habían perdido todo rastro de letra impresa.

9.5 But here and there were warped boards and cracked metallic clasps that told the tale well enough.

Pero aquí y allá había tableros combados y cierres metálicos agrietados que lo delataban todo.

9.6 Had I been a literary man I might, perhaps, have moralised upon the futility of all ambition.

Si yo hubiera sido un hombre de letras, tal vez habría moralizado sobre la inutilidad de toda ambición.

9.7 But as it was,

Pero así las cosas,

9.8 the thing that struck me with keenest force was the enormous waste of labour to which this sombre wilderness of rotting paper testified.

lo que más me impresionó fue el enorme despilfarro de trabajo del que daba testimonio aquel sombrío desierto de papel podrido.

9.9 At the time I will confess that I thought chiefly of the Philosophical Transactions and my own seventeen papers upon physical optics.

Confieso que en aquel momento pensaba sobre todo en las Philosophical Transactions y en mis diecisiete artículos sobre óptica física.

10.1 "Then, going up a broad staircase, we came to what may once have been a gallery of technical chemistry.

"Luego, subiendo una amplia escalera, llegamos a lo que en otro tiempo pudo ser una galería de química técnica.

10.2 And here I had not a little hope of useful discoveries.

Y aquí tuve no pocas esperanzas de hacer descubrimientos útiles.

Except at one end where the roof had collapsed, this gallery was well preserved. 10.3
Excepto en un extremo, donde el techo se había derrumbado, esta galería estaba bien conservada.

I went eagerly to every unbroken case. 10.4
Me acerqué con impaciencia a todas las vitrinas intactas.

And at last, in one of the really air-tight cases, I found a box of matches. 10.5
Y por fin, en una de las cajas realmente herméticas, encontré una caja de cerillas.

Very eagerly I tried them. They were perfectly good. 10.6
Las probé con impaciencia. Estaban en perfecto estado.

They were not even damp. I turned to Weena. 'Dance,' 10.7
Ni siquiera estaban húmedas. Me volví hacia Weena. Baila,"

I cried to her in her own tongue. 10.8
le grité en su propia lengua.

For now I had a weapon indeed against the horrible creatures we feared. 10.9
Ahora sí que tenía un arma contra las horribles criaturas que temíamos.

And so, in that derelict museum, upon the thick soft carpeting of dust, to Weena's huge delight, I solemnly performed a kind of composite dance, whistling The Land of the Leal as cheerfully as I could. 10.10
Y así, en aquel museo abandonado, sobre la espesa y suave alfombra de polvo, para enorme deleite de Weena, ejecuté solemnemente una especie de danza compuesta, silbando La tierra del Leal tan alegremente como pude.

10.11 In part it was a modest cancan, in part a step dance, in part a skirt dance (so far as my tail-coat permitted), and in part original.

En parte era un modesto cancán, en parte un paso de baile, en parte un baile de falda (hasta donde me lo permitía mi frac), y en parte original.

10.12 For I am naturally inventive, as you know.

Porque soy de natural inventiva, como sabéis.

11.1 "Now, I still think that for this box of matches to have escaped the wear of time for immemorial years was a most strange, as for me it was a most fortunate, thing.

"Ahora bien, sigo pensando que el hecho de que esta caja de cerillas haya escapado al desgaste del tiempo durante años inmemoriales fue algo de lo más extraño, como para mí fue de lo más afortunado.

11.2 Yet, oddly enough, I found a far unlikelier substance, and that was camphor.

Sin embargo, por extraño que parezca, encontré una sustancia mucho más improbable, que era alcanfor.

11.3 I found it in a sealed jar, that by chance, I suppose, had been really hermetically sealed.

Lo encontré en un frasco sellado, que por casualidad, supongo, había sido realmente cerrado herméticamente.

11.4 I fancied at first that it was paraffin wax, and smashed the glass accordingly.

Al principio creí que se trataba de parafina y rompí el cristal.

11.5 But the odour of camphor was unmistakable.

Pero el olor a alcanfor era inconfundible.

In the universal decay this volatile substance had chanced to survive, perhaps through many thousands of centuries.

En la descomposición universal, esta sustancia volátil había sobrevivido, tal vez durante miles de siglos.

It reminded me of a sepia painting I had once seen done from the ink of a fossil Belemnite that must have perished and become fossilised millions of years ago.

Me recordó a una pintura sepia que había visto una vez hecha con la tinta de un Belemnite fósil que debió de perecer y fosilizarse hacía millones de años.

I was about to throw it away,

Estuve a punto de tirarla,

but I remembered that it was inflammable and burnt with a good bright flame -

pero recordé que era inflamable y que ardía con una buena llama brillante -

was, in fact, an excellent candle -

era, de hecho, una excelente vela -

and I put it in my pocket.

y me la metí en el bolsillo.

I found no explosives, however, nor any means of breaking down the bronze doors.

Sin embargo, no encontré explosivos ni medios para derribar las puertas de bronce.

As yet my iron crowbar was the most helpful thing I had chanced upon.

Hasta el momento, mi palanca de hierro era lo más útil que había encontrado.

11.14 **Nevertheless I left that gallery greatly elated.**
Sin embargo, salí de la galería muy contento.

12.1 **"I cannot tell you all the story of that long afternoon.**
"No puedo contarles toda la historia de aquella larga tarde.

12.2 **It would require a great effort of memory to recall my explorations in at all the proper order.**
Necesitaría un gran esfuerzo de memoria para recordar mis exploraciones en el orden adecuado.

12.3 **I remember a long gallery of rusting stands of arms,**
Recuerdo una larga galería de puestos de armas oxidadas,

12.4 **and how I hesitated between my crowbar and a hatchet or a sword.**
y cómo dudaba entre mi palanca y un hacha o una espada.

12.5 **I could not carry both, however, and my bar of iron promised best against the bronze gates.**
Sin embargo, no podía llevar las dos cosas, y mi barra de hierro prometía más contra las puertas de bronce.

12.6 **There were numbers of guns, pistols, and rifles.**
Había muchas armas, pistolas y rifles.

12.7 **The most were masses of rust, but many were of some new metal, and still fairly sound.**
La mayoría eran masas de óxido, pero muchas eran de algún metal nuevo, y todavía bastante sólidas.

12.8 **But any cartridges or powder there may once have been had rotted into dust.**
Pero los cartuchos o la pólvora que pudiera haber se habían convertido en polvo.

One corner I saw was charred and shattered;   12.9

Una de las esquinas que vi estaba carbonizada y destrozada;

perhaps, I thought, by an explosion among the   12.10
specimens.

tal vez, pensé, por una explosión entre los especímenes.

In another place was a vast array of idols —   12.11
Polynesian, Mexican, Grecian, Phœnician, every
country on earth, I should think.

En otro lugar había una gran variedad de ídolos: polinesios,
mexicanos, griegos, fenicios, de todos los países del mundo,
me pareció.

And here, yielding to an irresistible impulse, I wrote   12.12
my name upon the nose of a steatite monster from
South America that particularly took my fancy.

Y aquí, cediendo a un impulso irresistible, escribí mi
nombre en la nariz de un monstruo de esteatita de
Sudamérica que me atraía especialmente.

"As the evening drew on, my interest waned.   13.1

"A medida que avanzaba la tarde, mi interés disminuía.

I went through gallery after gallery, dusty, silent,   13.2
often ruinous, the exhibits sometimes mere heaps of
rust and lignite, sometimes fresher.

Recorrí galería tras galería, polvorientas, silenciosas, a
menudo ruinosas, los objetos expuestos a veces meros
montones de óxido y lignito, a veces más frescos.

13.3 In one place I suddenly found myself near the model of a tin mine, and then by the merest accident I discovered, in an air-tight case, two dynamite cartridges!

En un lugar me encontré de repente cerca de la maqueta de una mina de estaño, y entonces, por un mero accidente, descubrí, en una caja hermética, ¡dos cartuchos de dinamita!

13.4 I shouted 'Eureka!' and smashed the case with joy.

Grité "¡Eureka!" y rompí la caja de alegría.

13.5 Then came a doubt. I hesitated.

Luego me asaltó una duda. Dudé.

13.6 Then, selecting a little side gallery, I made my essay.

Luego, eligiendo una pequeña galería lateral, hice mi ensayo.

13.7 I never felt such a disappointment as I did in waiting five, ten, fifteen minutes for an explosion that never came.

Nunca sentí tanta decepción como al esperar cinco, diez, quince minutos una explosión que nunca llegó.

13.8 Of course the things were dummies, as I might have guessed from their presence.

Por supuesto, se trataba de muñecos, como podía suponer por su presencia.

I really believe that had they not been so, I should have rushed off incontinently and blown Sphinx, bronze doors, and (as it proved) my chances of finding the Time Machine, all together into non-existence.

13.9

Realmente creo que, de no haber sido así, me habría precipitado incontinentemente y habría hecho saltar por los aires la Esfinge, las puertas de bronce y (como se demostró) todas mis posibilidades de encontrar la Máquina del Tiempo.

"It was after that, I think, that we came to a little open court within the palace.

14.1

"Fue después, creo, cuando llegamos a un pequeño patio abierto dentro del palacio.

It was turfed, and had three fruit-trees.

14.2

Estaba cubierto de césped y tenía tres árboles frutales.

So we rested and refreshed ourselves.

14.3

Descansamos y nos refrescamos.

Towards sunset I began to consider our position.

14.4

Hacia el atardecer empecé a considerar nuestra posición.

Night was creeping upon us,

14.5

La noche se nos echaba encima,

and my inaccessible hiding-place had still to be found.

14.6

y mi escondite inaccesible aún no había sido encontrado.

But that troubled me very little now.

14.7

Pero eso me preocupaba muy poco ahora.

14.8 I had in my possession a thing that was, perhaps, the best of all defences against the Morlocks — I had matches!

Tenía en mi poder una cosa que era, tal vez, la mejor de todas las defensas contra los morlocks: ¡tenía cerillas!

14.9 I had the camphor in my pocket, too, if a blaze were needed.

También tenía alcanfor en el bolsillo, por si necesitaba una hoguera.

14.10 It seemed to me that the best thing we could do would be to pass the night in the open,

Me pareció que lo mejor que podíamos hacer era pasar la noche a la intemperie,

14.11 protected by a fire.

protegidos por un fuego.

14.12 In the morning there was the getting of the Time Machine.

Por la mañana había que conseguir la Máquina del Tiempo.

14.13 Towards that, as yet, I had only my iron mace.

Para eso, hasta ahora, sólo tenía mi maza de hierro.

14.14 But now, with my growing knowledge, I felt very differently towards those bronze doors.

Pero ahora, con mi creciente conocimiento, me sentía muy diferente hacia esas puertas de bronce.

14.15 Up to this, I had refrained from forcing them, largely because of the mystery on the other side.

Hasta entonces, me había abstenido de forzarlas, en gran parte por el misterio que había al otro lado.

They had never impressed me as being very strong,   14.16

Nunca me habían parecido muy fuertes,

and I hoped to find my bar of iron not altogether   14.17
inadequate for the work.

y esperaba que mi barra de hierro no fuera del todo
inadecuada para el trabajo.

XII. In the Darkness

XII. En la oscuridad

1.1 "We emerged from the Palace while the sun was still in part above the horizon.

"Salimos del Palacio cuando el sol estaba aún en parte sobre el horizonte.

1.2 I was determined to reach the White Sphinx early the next morning,

Estaba decidido a llegar a la Esfinge Blanca temprano a la mañana siguiente,

1.3 and ere the dusk I purposed pushing through the woods that had stopped me on the previous journey.

y antes del crepúsculo me propuse atravesar los bosques que me habían detenido en el viaje anterior.

1.4 My plan was to go as far as possible that night, and then, building a fire, to sleep in the protection of its glare.

Mi plan era llegar lo más lejos posible aquella noche y luego, encendiendo un fuego, dormir al abrigo de su resplandor.

Accordingly, as we went along I gathered any sticks or dried grass I saw, and presently had my arms full of such litter.

En consecuencia, a medida que avanzábamos, recogía los palos o hierbas secas que veía, y al poco rato tenía los brazos llenos de tales desperdicios.

Thus loaded, our progress was slower than I had anticipated, and besides Weena was tired.

Así cargados, nuestro avance fue más lento de lo que yo había previsto, y además Weena estaba cansada.

And I, also, began to suffer from sleepiness too; so that it was full night before we reached the wood.

Y yo también empecé a sufrir de somnolencia, de modo que se nos hizo de noche antes de llegar al bosque.

Upon the shrubby hill of its edge Weena would have stopped, fearing the darkness before us;

En la colina de arbustos de su linde, Weena se habría detenido, temerosa de la oscuridad que nos acechaba;

but a singular sense of impending calamity, that should indeed have served me as a warning, drove me onward.

pero una singular sensación de calamidad inminente, que en verdad debería haberme servido de advertencia, me impulsó a seguir adelante.

I had been without sleep for a night and two days,

Llevaba una noche y dos días sin dormir,

and I was feverish and irritable.

y estaba febril e irritable.

I felt sleep coming upon me,

Sentía que el sueño se me echaba encima,

1.13 and the Morlocks with it.

y a los morlocks con él.

2.1 "While we hesitated, among the black bushes behind us, and dim against their blackness, I saw three crouching figures.

"Mientras vacilábamos, entre los arbustos negros que había detrás de nosotros, y tenues contra su negrura, vi tres figuras agazapadas.

2.2 There was scrub and long grass all about us,

Había matorrales y hierba larga a nuestro alrededor,

2.3 and I did not feel safe from their insidious approach.

y no me sentía a salvo de su insidiosa aproximación.

2.4 The forest, I calculated, was rather less than a mile across.

Calculé que el bosque tenía menos de una milla de ancho.

2.5 If we could get through it to the bare hillside, there, as it seemed to me, was an altogether safer resting-place;

Si pudiéramos atravesarlo hasta la ladera desnuda, allí, según me parecía, habría un lugar de descanso mucho más seguro;

2.6 I thought that with my matches and my camphor I could contrive to keep my path illuminated through the woods.

pensé que con mis cerillas y mi alcanfor podría arreglármelas para mantener iluminado el camino a través del bosque.

Yet it was evident that if I was to flourish matches with my hands I should have to abandon my firewood; 2.7

Sin embargo, era evidente que si tenía que usar las cerillas con las manos, tendría que abandonar la leña;

so, rather reluctantly, I put it down. 2.8

así que, de mala gana, la dejé.

And then it came into my head that I would amaze our friends behind by lighting it. 2.9

Y entonces se me ocurrió que sorprendería a nuestros amigos encendiéndola.

I was to discover the atrocious folly of this proceeding, 2.10

Iba a descubrir la atroz insensatez de este proceder,

but it came to my mind as an ingenious move for covering our retreat. 2.11

pero se me ocurrió como una ingeniosa maniobra para cubrir nuestra retirada.

"I don't know if you have ever thought what a rare thing flame must be in the absence of man and in a temperate climate. 3.1

"No sé si alguna vez has pensado lo rara que debe ser la llama en ausencia del hombre y en un clima templado.

The sun's heat is rarely strong enough to burn, even when it is focused by dewdrops, as is sometimes the case in more tropical districts. 3.2

El calor del sol rara vez es lo suficientemente fuerte como para quemar, incluso cuando es enfocado por las gotas de rocío, como ocurre a veces en los distritos más tropicales.

3.3 **Lightning may blast and blacken,**
Los rayos pueden hacer estallar y ennegrecer,

3.4 **but it rarely gives rise to widespread fire.**
pero rara vez provocan incendios generalizados.

3.5 **Decaying vegetation may occasionally smoulder with the heat of its fermentation,**
La vegetación en descomposición puede arder ocasionalmente con el calor de su fermentación,

3.6 **but this rarely results in flame.**
pero rara vez da lugar a llamas.

3.7 **In this decadence, too, the art of fire-making had been forgotten on the earth.**
En esta decadencia, también, el arte de hacer fuego había sido olvidado en la tierra.

3.8 **The red tongues that went licking up my heap of wood were an altogether new and strange thing to Weena.**
Las lenguas rojas que lamían mi montón de leña eran algo nuevo y extraño para Weena.

4.1 **"She wanted to run to it and play with it.**
"Quería correr hacia él y jugar con él.

4.2 **I believe she would have cast herself into it had I not restrained her.**
Creo que se habría arrojado dentro si yo no la hubiera retenido.

4.3 **But I caught her up, and in spite of her struggles, plunged boldly before me into the wood.**
Pero yo la atrapé y, a pesar de sus forcejeos, se internó audazmente en el bosque.

For a little way the glare of my fire lit the path. 4.4
Durante un trecho, el resplandor de mi fuego iluminó el sendero.

Looking back presently, I could see, through the crowded stems, that from my heap of sticks the blaze had spread to some bushes adjacent, and a curved line of fire was creeping up the grass of the hill. 4.5
Al volver la vista atrás, pude ver, a través de los tallos amontonados, que desde mi montón de palos el fuego se había extendido a algunos arbustos adyacentes, y una línea curva de fuego se arrastraba por la hierba de la colina.

I laughed at that, 4.6
Me reí de aquello,

and turned again to the dark trees before me. 4.7
y me volví de nuevo hacia los oscuros árboles que tenía ante mí.

It was very black, and Weena clung to me convulsively, but there was still, as my eyes grew accustomed to the darkness, sufficient light for me to avoid the stems. 4.8
Era muy negro, y Weena se aferró a mí convulsivamente, pero aún había, a medida que mis ojos se acostumbraban a la oscuridad, luz suficiente para que pudiera evitar los tallos.

Overhead it was simply black, 4.9
En lo alto todo era simplemente negro,

except where a gap of remote blue sky shone down upon us here and there. 4.10
excepto un resquicio de remoto cielo azul que brillaba sobre nosotros aquí y allá.

4.11 I lit none of my matches because I had no hand free.

No encendí ninguna de mis cerillas porque no tenía ninguna mano libre.

4.12 Upon my left arm I carried my little one,

En mi brazo izquierdo llevaba a mi pequeño,

4.13 in my right hand I had my iron bar.

en mi mano derecha tenía mi barra de hierro.

5.1 "For some way I heard nothing but the crackling twigs under my feet, the faint rustle of the breeze above, and my own breathing and the throb of the blood-vessels in my ears.

"Durante un rato no oí más que el crujido de las ramas bajo mis pies, el leve susurro de la brisa, mi propia respiración y el latido de los vasos sanguíneos en mis oídos.

5.2 Then I seemed to know of a pattering behind me.

Entonces me pareció oír un golpeteo detrás de mí.

5.3 I pushed on grimly.

Empujé con decisión.

5.4 The pattering grew more distinct, and then I caught the same queer sound and voices I had heard in the Underworld.

El repiqueteo se hizo más nítido y entonces percibí el mismo sonido extraño y las mismas voces que había oído en el Inframundo.

5.5 There were evidently several of the Morlocks, and they were closing in upon me.

Evidentemente había varios morlocks y se acercaban a mí.

Indeed, in another minute I felt a tug at my coat, then something at my arm.   5.6

En efecto, al cabo de un minuto sentí un tirón en el abrigo y luego algo en el brazo.

And Weena shivered violently, and became quite still.   5.7

Weena se estremeció violentamente y se quedó inmóvil.

"It was time for a match.   6.1

"Era hora de un combate.

But to get one I must put her down.   6.2

Pero para conseguirla tenía que tumbarla.

I did so, and, as I fumbled with my pocket, a struggle began in the darkness about my knees, perfectly silent on her part and with the same peculiar cooing sounds from the Morlocks.   6.3

Así lo hice y, mientras tanteaba el bolsillo, comenzó una lucha en la oscuridad alrededor de mis rodillas, perfectamente silenciosa por parte de ella y con los mismos peculiares arrullos de los morlocks.

Soft little hands, too, were creeping over my coat and back, touching even my neck.   6.4

Unas manitas suaves se deslizaban también sobre mi abrigo y mi espalda, tocándome incluso el cuello.

Then the match scratched and fizzed.   6.5

Entonces la cerilla rascó y chisporroteó.

I held it flaring, and saw the white backs of the Morlocks in flight amid the trees.   6.6

La sostuve encendida y vi las blancas espaldas de los Morlocks volando entre los árboles.

6.7 I hastily took a lump of camphor from my pocket, and prepared to light it as soon as the match should wane.

Me apresuré a sacar del bolsillo un trozo de alcanfor y me dispuse a encenderlo en cuanto se apagara la cerilla.

6.8 Then I looked at Weena.

Entonces miré a Weena.

6.9 She was lying clutching my feet and quite motionless, with her face to the ground.

Estaba agarrada a mis pies, inmóvil, con la cara en el suelo.

6.10 With a sudden fright I stooped to her.

Con un susto repentino, me incliné hacia ella.

6.11 She seemed scarcely to breathe.

Parecía que apenas respiraba.

6.12 I lit the block of camphor and flung it to the ground, and as it split and flared up and drove back the Morlocks and the shadows, I knelt down and lifted her.

Encendí el bloque de alcanfor y lo arrojé al suelo, y mientras se partía, ardía y hacía retroceder a los morlocks y a las sombras, me arrodillé y la levanté.

6.13 The wood behind seemed full of the stir and murmur of a great company.

Detrás, el bosque parecía lleno del alboroto y el murmullo de una gran compañía.

7.1 "She seemed to have fainted.

"Parecía haberse desmayado.

I put her carefully upon my shoulder and rose to push on, 7.2

La puse cuidadosamente sobre mi hombro y me levanté para seguir adelante,

and then there came a horrible realisation. 7.3

pero entonces me di cuenta de algo horrible.

In manœuvring with my matches and Weena, I had turned myself about several times, and now I had not the faintest idea in what direction lay my path. 7.4

Al maniobrar con mis cerillas y Weena, me había dado la vuelta varias veces, y ahora no tenía la menor idea de en qué dirección estaba mi camino.

For all I knew, 7.5

Por lo que sabía,

I might be facing back towards the Palace of Green Porcelain. 7.6

podía estar de espaldas al Palacio de Porcelana Verde.

I found myself in a cold sweat. 7.7

Empecé a sudar frío.

I had to think rapidly what to do. 7.8

Tenía que pensar rápidamente qué hacer.

I determined to build a fire and encamp where we were. 7.9

Decidí encender un fuego y acampar donde estábamos.

7.10   I put Weena, still motionless, down upon a turfy bole, and very hastily, as my first lump of camphor waned, I began collecting sticks and leaves.

Puse a Weena, que seguía inmóvil, sobre un tronco de turba, y muy deprisa, cuando se me pasó el primer trago de alcanfor, empecé a recoger palos y hojas.

7.11   Here and there out of the darkness round me the Morlocks' eyes shone like carbuncles.

Aquí y allá, en la oscuridad que me rodeaba, los ojos de los morlocks brillaban como carbuncos.

8.1   "The camphor flickered and went out.

"El alcanfor parpadeó y se apagó.

8.2   I lit a match, and as I did so, two white forms that had been approaching Weena dashed hastily away.

Encendí una cerilla y, al hacerlo, dos formas blancas que se acercaban a Weena se alejaron precipitadamente.

8.3   One was so blinded by the light that he came straight for me,

Una estaba tan cegada por la luz que vino directa hacia mí,

8.4   and I felt his bones grind under the blow of my fist.

y sentí cómo le crujían los huesos bajo el golpe de mi puño.

8.5   He gave a whoop of dismay, staggered a little way, and fell down.

Dio un grito de consternación, se tambaleó un poco y cayó al suelo.

8.6   I lit another piece of camphor, and went on gathering my bonfire.

Encendí otro trozo de alcanfor y seguí haciendo mi hoguera.

Presently I noticed how dry was some of the foliage above me, for since my arrival on the Time Machine, a matter of a week, no rain had fallen.

8.7

En seguida me di cuenta de lo seco que estaba parte del follaje sobre mí, pues desde mi llegada a la Máquina del Tiempo, cuestión de una semana, no había llovido.

So, instead of casting about among the trees for fallen twigs, I began leaping up and dragging down branches.

8.8

Así que, en vez de buscar ramitas caídas entre los árboles, empecé a saltar y a arrastrar ramas.

Very soon I had a choking smoky fire of green wood and dry sticks,

8.9

Muy pronto tuve un fuego ahogado y humeante de leña verde y palos secos,

and could economise my camphor.

8.10

y pude economizar mi alcanfor.

Then I turned to where Weena lay beside my iron mace.

8.11

Luego me volví hacia donde yacía Weena, junto a mi maza de hierro.

I tried what I could to revive her, but she lay like one dead.

8.12

Intenté reanimarla como pude, pero yacía como una muerta.

I could not even satisfy myself whether or not she breathed.

8.13

Ni siquiera pude comprobar si respiraba o no.

9.1 "Now, the smoke of the fire beat over towards me, and it must have made me heavy of a sudden.

"Ahora, el humo del fuego golpeaba hacia mí, y debió de pesarme de repente.

9.2 Moreover, the vapour of camphor was in the air.

Además, el vapor del alcanfor estaba en el aire.

9.3 My fire would not need replenishing for an hour or so.

Mi fuego no necesitaría reponerse hasta dentro de una hora más o menos.

9.4 I felt very weary after my exertion, and sat down.

Me sentía muy cansado después del esfuerzo y me senté.

9.5 The wood, too, was full of a slumbrous murmur that I did not understand.

También en el bosque se oía un murmullo lúgubre que no entendí.

9.6 I seemed just to nod and open my eyes. But all was dark,

Me pareció asentir y abrir los ojos. Pero todo estaba oscuro,

9.7 and the Morlocks had their hands upon me.

y los morlocks me tenían agarrado.

9.8 Flinging off their clinging fingers I hastily felt in my pocket for the match-box,

Me zafé de sus dedos aferrados y busqué apresuradamente en mi bolsillo la caja de fósforos,

9.9 and — it had gone.

que había desaparecido.

9.10 Then they gripped and closed with me again.

Entonces me agarraron y me cerraron de nuevo.

In a moment I knew what had happened. 9.11
En un instante supe lo que había ocurrido.

I had slept, and my fire had gone out, and the 9.12
bitterness of death came over my soul.
Había dormido, y mi fuego se había apagado, y la amargura
de la muerte se apoderó de mi alma.

The forest seemed full of the smell of burning wood. 9.13
El bosque parecía lleno de olor a leña quemada.

I was caught by the neck, by the hair, by the arms, 9.14
and pulled down.
Me cogieron por el cuello, por el pelo, por los brazos, y me
tiraron hacia abajo.

It was indescribably horrible in the darkness to feel 9.15
all these soft creatures heaped upon me.
Era indescriptiblemente horrible en la oscuridad sentir a
todas esas suaves criaturas amontonadas sobre mí.

I felt as if I was in a monstrous spider's web. 9.16
Me sentía como en una monstruosa tela de araña.

I was overpowered, and went down. 9.17
Me dominaron y caí.

I felt little teeth nipping at my neck. 9.18
Sentí pequeños dientes que me mordisqueaban el cuello.

I rolled over, 9.19
Me di la vuelta,

and as I did so my hand came against my iron lever. 9.20
y al hacerlo mi mano chocó contra mi palanca de hierro.

It gave me strength. 9.21
Me dio fuerzas.

9.22 I struggled up, shaking the human rats from me, and, holding the bar short, I thrust where I judged their faces might be.

Me levanté a duras penas, apartando de mí a las ratas humanas y, sujetando la barra, empujé hacia donde creía que podían estar sus caras.

9.23 I could feel the succulent giving of flesh and bone under my blows,

Sentí el suculento ceder de la carne y el hueso bajo mis golpes,

9.24 and for a moment I was free.

y por un momento me sentí libre.

10.1 "The strange exultation that so often seems to accompany hard fighting came upon me.

"Me invadió la extraña exultación que tan a menudo parece acompañar a los combates duros.

10.2 I knew that both I and Weena were lost,

Sabía que Weena y yo estábamos perdidos,

10.3 but I determined to make the Morlocks pay for their meat.

pero decidí hacer pagar a los morlocks por su carne.

10.4 I stood with my back to a tree,

Me puse de espaldas a un árbol,

10.5 swinging the iron bar before me.

balanceando la barra de hierro ante mí.

10.6 The whole wood was full of the stir and cries of them.

Todo el bosque estaba lleno del revuelo y los gritos de ellos.

A minute passed.
Pasó un minuto.

Their voices seemed to rise to a higher pitch of excitement,
Sus voces parecían elevarse a un tono más alto de excitación,

and their movements grew faster.
y sus movimientos se hacían más rápidos.

Yet none came within reach.
Sin embargo, ninguno se acercaba.

I stood glaring at the blackness.
Me quedé mirando la oscuridad.

Then suddenly came hope.
Entonces, de repente, surgió la esperanza.

What if the Morlocks were afraid?
¿Y si los morlocks tenían miedo?

And close on the heels of that came a strange thing.
Y poco después ocurrió algo extraño.

The darkness seemed to grow luminous.
La oscuridad pareció volverse luminosa.

Very dimly I began to see the Morlocks about me -
Muy tenuemente empecé a ver a los Morlocks a mi alrededor -

three battered at my feet -
tres golpeados a mis pies -

10.18 and then I recognised, with incredulous surprise, that the others were running, in an incessant stream, as it seemed, from behind me, and away through the wood in front.

y luego reconocí, con incrédula sorpresa, que los otros corrían, en una corriente incesante, como parecía, desde detrás de mí, y se alejaban por el bosque de enfrente.

10.19 And their backs seemed no longer white, but reddish.

Y sus espaldas ya no parecían blancas, sino rojizas.

10.20 As I stood agape, I saw a little red spark go drifting across a gap of starlight between the branches, and vanish.

Mientras me quedaba boquiabierto, vi una pequeña chispa roja que se deslizaba por un hueco de luz de estrellas entre las ramas y desaparecía.

10.21 And at that I understood the smell of burning wood, the slumbrous murmur that was growing now into a gusty roar, the red glow, and the Morlocks' flight.

Y en ese momento comprendí el olor a madera quemada, el murmullo lúgubre que ahora se convertía en un rugido racheado, el resplandor rojo y la huida de los Morlocks.

11.1 "Stepping out from behind my tree and looking back, I saw, through the black pillars of the nearer trees, the flames of the burning forest.

"Al salir de detrás de mi árbol y mirar hacia atrás, vi, a través de los pilares negros de los árboles más cercanos, las llamas del bosque en llamas.

11.2 It was my first fire coming after me.

Era el primer fuego que me perseguía.

11.3 With that I looked for Weena, but she was gone.

Entonces busqué a Weena, pero ya no estaba.

The hissing and crackling behind me, the explosive thud as each fresh tree burst into flame, left little time for reflection.

El siseo y el crepitar a mis espaldas, el estruendo explosivo de cada nuevo árbol incendiado, me dejaron poco tiempo para la reflexión.

My iron bar still gripped,

Con mi barra de hierro aún agarrada,

I followed in the Morlocks' path. It was a close race.

seguí el camino de los Morlocks. Fue una carrera muy reñida.

Once the flames crept forward so swiftly on my right as I ran that I was outflanked and had to strike off to the left.

En una ocasión, las llamas avanzaron tan deprisa por mi derecha mientras corría que me vi flanqueado y tuve que desviarme a la izquierda.

But at last I emerged upon a small open space, and as I did so, a Morlock came blundering towards me, and past me, and went on straight into the fire!

Pero por fin llegué a un pequeño espacio abierto y, al hacerlo, un morlock se acercó a mí y me pasó por encima, ¡y siguió directo hacia el fuego!

"And now I was to see the most weird and horrible thing, I think, of all that I beheld in that future age.

"Y ahora iba a ver la cosa más extraña y horrible, creo, de todas las que contemplé en aquella época futura.

This whole space was as bright as day with the reflection of the fire.

Todo aquel espacio estaba tan iluminado como el día por el reflejo del fuego.

12.3 In the centre was a hillock or tumulus,

En el centro había un montículo o túmulo,

12.4 surmounted by a scorched hawthorn.

coronado por un espino chamuscado.

12.5 Beyond this was another arm of the burning forest, with yellow tongues already writhing from it, completely encircling the space with a fence of fire.

Más allá había otro brazo del bosque en llamas, del que ya se retorcían lenguas amarillas, rodeando completamente el espacio con un cerco de fuego.

12.6 Upon the hillside were some thirty or forty Morlocks, dazzled by the light and heat, and blundering hither and thither against each other in their bewilderment.

En la ladera había unos treinta o cuarenta morlocks, deslumbrados por la luz y el calor, y chocando entre sí en su desconcierto.

12.7 At first I did not realise their blindness, and struck furiously at them with my bar, in a frenzy of fear, as they approached me, killing one and crippling several more.

Al principio no me di cuenta de su ceguera, y les golpeé furiosamente con mi barra, en un frenesí de miedo, a medida que se acercaban a mí, matando a uno y mutilando a varios más.

But when I had watched the gestures of one of them groping under the hawthorn against the red sky, and heard their moans, I was assured of their absolute helplessness and misery in the glare, and I struck no more of them. 12.8

Pero cuando observé los gestos de uno de ellos, que se movía a tientas bajo el espino contra el cielo rojo, y oí sus gemidos, me convencí de su absoluta impotencia y miseria bajo el resplandor, y no les golpeé más.

"Yet every now and then one would come straight towards me, setting loose a quivering horror that made me quick to elude him. 13.1

"Sin embargo, de vez en cuando uno venía directo hacia mí, desatando un horror tembloroso que me hacía apresurarme a eludirlo.

At one time the flames died down somewhat, 13.2

En un momento las llamas se extinguieron un poco,

and I feared the foul creatures would presently be able to see me. 13.3

y temí que las asquerosas criaturas pudieran verme.

I was thinking of beginning the fight by killing some of them before this should happen; 13.4

Pensaba comenzar la lucha matando a algunos de ellos antes de que esto sucediera;

but the fire burst out again brightly, and I stayed my hand. 13.5

pero el fuego estalló de nuevo con fuerza, y me detuve.

I walked about the hill among them and avoided them, 13.6

Caminé por la colina entre ellos y los esquivé,

13.7 looking for some trace of Weena. But Weena was
gone.

buscando algún rastro de Weena. Pero Weena había
desaparecido.

14.1 "At last I sat down on the summit of the hillock, and
watched this strange incredible company of blind
things groping to and fro, and making uncanny
noises to each other, as the glare of the fire beat on
them.

"Por fin me senté en la cima de la colina y observé a aquella
extraña e increíble compañía de ciegos que iban y venían
a tientas y hacían ruidos extraños entre sí, mientras el
resplandor del fuego los golpeaba.

14.2 The coiling uprush of smoke streamed across the
sky, and through the rare tatters of that red canopy,
remote as though they belonged to another universe,
shone the little stars.

La espiral de humo surcaba el cielo, y a través de los raros
jirones de aquel dosel rojo, remotos como si pertenecieran a
otro universo, brillaban las pequeñas estrellas.

14.3 Two or three Morlocks came blundering into
me, and I drove them off with blows of my fists,
trembling as I did so.

Dos o tres morlocks se abalanzaron sobre mí, y yo los
ahuyenté a golpes de puño, temblando al hacerlo.

15.1 "For the most part of that night I was persuaded it
was a nightmare.

"Durante la mayor parte de aquella noche estuve
persuadido de que era una pesadilla.

15.2 I bit myself and screamed in a passionate desire to
awake.

Me mordí y grité en un apasionado deseo de despertar.

I beat the ground with my hands, and got up and sat down again, and wandered here and there, and again sat down. 15.3

Golpeaba el suelo con las manos, me levantaba y volvía a sentarme, vagaba por aquí y por allá, y de nuevo me sentaba.

Then I would fall to rubbing my eyes and calling upon God to let me awake. 15.4

Luego me frotaba los ojos e imploraba a Dios que me dejara despertar.

Thrice I saw Morlocks put their heads down in a kind of agony and rush into the flames. 15.5

Tres veces vi a morlocks bajar la cabeza en una especie de agonía y precipitarse en las llamas.

But, at last, above the subsiding red of the fire, above the streaming masses of black smoke and the whitening and blackening tree stumps, and the diminishing numbers of these dim creatures, came the white light of the day. 15.6

Pero, al fin, por encima del rojo menguante del fuego, por encima de las masas de humo negro y de los tocones de los árboles que se blanqueaban y ennegrecían, y del número cada vez menor de estas oscuras criaturas, llegó la luz blanca del día.

"I searched again for traces of Weena, but there were none. 16.1

"Busqué de nuevo rastros de Weena, pero no había ninguno.

It was plain that they had left her poor little body in the forest. 16.2

Estaba claro que habían abandonado su pobre cuerpecito en el bosque.

16.3 I cannot describe how it relieved me to think that it had escaped the awful fate to which it seemed destined.

No puedo describir cómo me alivió pensar que había escapado al horrible destino al que parecía destinada.

16.4 As I thought of that, I was almost moved to begin a massacre of the helpless abominations about me, but I contained myself.

Al pensar en ello, estuve a punto de comenzar una masacre de las indefensas abominaciones que me rodeaban, pero me contuve.

16.5 The hillock, as I have said, was a kind of island in the forest.

La loma, como he dicho, era una especie de isla en el bosque.

16.6 From its summit I could now make out through a haze of smoke the Palace of Green Porcelain, and from that I could get my bearings for the White Sphinx.

Desde su cima podía divisar ahora, a través de una neblina de humo, el Palacio de Porcelana Verde, y desde allí podía orientarme hacia la Esfinge Blanca.

16.7 And so, leaving the remnant of these damned souls still going hither and thither and moaning, as the day grew clearer, I tied some grass about my feet and limped on across smoking ashes and among black stems that still pulsated internally with fire, towards the hiding-place of the Time Machine.

Y así, dejando el remanente de esas almas condenadas que aún iban de aquí para allá y gemían, a medida que el día se aclaraba, me até un poco de hierba a los pies y avancé cojeando a través de cenizas humeantes y entre tallos negros que aún latían internamente con fuego, hacia el escondite de la Máquina del Tiempo.

I walked slowly, for I was almost exhausted, as well as lame, and I felt the intensest wretchedness for the horrible death of little Weena.

Caminé despacio, pues estaba casi agotado, además de cojo, y sentí la más intensa desdicha por la horrible muerte de la pequeña Weena.

It seemed an overwhelming calamity.

Parecía una calamidad abrumadora.

Now, in this old familiar room, it is more like the sorrow of a dream than an actual loss.

Ahora, en esta vieja habitación familiar, se parece más a la pena de un sueño que a una pérdida real.

But that morning it left me absolutely lonely again — terribly alone.

Pero aquella mañana volví a sentirme absolutamente sola, terriblemente sola.

I began to think of this house of mine, of this fireside, of some of you, and with such thoughts came a longing that was pain.

Empecé a pensar en esta casa mía, en esta chimenea, en algunos de ustedes, y con tales pensamientos vino una nostalgia que era dolor.

"But, as I walked over the smoking ashes under the bright morning sky, I made a discovery.

"Pero, mientras caminaba sobre las humeantes cenizas bajo el brillante cielo de la mañana, hice un descubrimiento.

In my trouser pocket were still some loose matches.

En el bolsillo de mi pantalón había todavía algunas cerillas sueltas.

17.3 **The box must have leaked before it was lost.**
La caja debió de gotear antes de perderse.

XIII. The Trap of the White Sphinx

XIII. La trampa de la Esfinge Blanca

1.1 "About eight or nine in the morning I came to the same seat of yellow metal from which I had viewed the world upon the evening of my arrival.

"Hacia las ocho o nueve de la mañana llegué al mismo asiento de metal amarillo desde el que había contemplado el mundo la tarde de mi llegada.

1.2 I thought of my hasty conclusions upon that evening and could not refrain from laughing bitterly at my confidence.

Pensé en mis precipitadas conclusiones de aquella noche y no pude evitar reírme amargamente de mi confianza.

1.3 Here was the same beautiful scene, the same abundant foliage, the same splendid palaces and magnificent ruins, the same silver river running between its fertile banks.

Aquí estaba la misma hermosa escena, el mismo abundante follaje, los mismos espléndidos palacios y magníficas ruinas, el mismo río de plata corriendo entre sus fértiles orillas.

The gay robes of the beautiful people moved hither and thither among the trees.
1.4

Las alegres túnicas de la hermosa gente se movían de un lado a otro entre los árboles.

Some were bathing in exactly the place where I had saved Weena,
1.5

Algunos se bañaban exactamente en el lugar donde yo había salvado a Weena,

and that suddenly gave me a keen stab of pain.
1.6

lo que de pronto me produjo una aguda punzada de dolor.

And like blots upon the landscape rose the cupolas above the ways to the Underworld.
1.7

Y como manchas en el paisaje se alzaban las cúpulas sobre los caminos del Inframundo.

I understood now what all the beauty of the Overworld people covered.
1.8

Ahora comprendía lo que cubría toda la belleza de la gente del Ultramundo.

Very pleasant was their day,
1.9

Su día era muy agradable,

as pleasant as the day of the cattle in the field.
1.10

tan agradable como el día del ganado en el campo.

Like the cattle,
1.11

Al igual que el ganado,

they knew of no enemies and provided against no needs.
1.12

no conocían enemigos ni tenían necesidades.

1.13 And their end was the same.

Y su fin era el mismo.

2.1 "I grieved to think how brief the dream of the human intellect had been.

"Me apenaba pensar cuán breve había sido el sueño del intelecto humano.

2.2 It had committed suicide.

Se había suicidado.

2.3 It had set itself steadfastly towards comfort and ease, a balanced society with security and permanency as its watchword, it had attained its hopes — to come to this at last.

Se había orientado firmemente hacia la comodidad y la facilidad, hacia una sociedad equilibrada con la seguridad y la permanencia como consigna, había alcanzado sus esperanzas, había llegado a esto por fin.

2.4 Once,

En otro tiempo,

2.5 life and property must have reached almost absolute safety.

la vida y la propiedad debían de haber alcanzado una seguridad casi absoluta.

2.6 The rich had been assured of his wealth and comfort,

El rico tenía asegurada su riqueza y su comodidad,

2.7 the toiler assured of his life and work.

el trabajador su vida y su trabajo.

No doubt in that perfect world there had been no unemployed problem, no social question left unsolved.

2.8

Sin duda, en aquel mundo perfecto no había habido ningún problema de desempleo, ninguna cuestión social sin resolver.

And a great quiet had followed.

2.9

Y había seguido una gran tranquilidad.

"It is a law of nature we overlook, that intellectual versatility is the compensation for change, danger, and trouble.

3.1

"Es una ley de la naturaleza que pasamos por alto, que la versatilidad intelectual es la compensación por el cambio, el peligro y los problemas.

An animal perfectly in harmony with its environment is a perfect mechanism.

3.2

Un animal en perfecta armonía con su entorno es un mecanismo perfecto.

Nature never appeals to intelligence until habit and instinct are useless.

3.3

La naturaleza nunca apela a la inteligencia hasta que el hábito y el instinto son inútiles.

There is no intelligence where there is no change and no need of change.

3.4

No hay inteligencia donde no hay cambio ni necesidad de cambio.

Only those animals partake of intelligence that have to meet a huge variety of needs and dangers.

3.5

Sólo son inteligentes los animales que tienen que hacer frente a una enorme variedad de necesidades y peligros.

4.1 "So, as I see it, the Upperworld man had drifted towards his feeble prettiness, and the Underworld to mere mechanical industry.

"Así que, tal como yo lo veo, el hombre del Mundo Superior había derivado hacia su débil belleza, y el Inframundo hacia la mera industria mecánica.

4.2 But that perfect state had lacked one thing even for mechanical perfection — absolute permanency.

Pero a ese estado perfecto le había faltado una cosa, incluso para la perfección mecánica: la permanencia absoluta.

4.3 Apparently as time went on, the feeding of an Underworld, however it was effected, had become disjointed.

Al parecer, con el paso del tiempo, la alimentación de un Inframundo, fuera como fuese, se había desarticulado.

4.4 Mother Necessity, who had been staved off for a few thousand years, came back again, and she began below.

La Madre Necesidad, que se había mantenido a raya durante unos cuantos miles de años, regresó de nuevo, y empezó por abajo.

4.5 The Underworld being in contact with machinery, which, however perfect, still needs some little thought outside habit, had probably retained perforce rather more initiative, if less of every other human character, than the Upper.

El Inframundo, al estar en contacto con una maquinaria que, por perfecta que sea, sigue necesitando un poco de pensamiento fuera del hábito, probablemente había conservado forzosamente bastante más iniciativa, aunque menos de cualquier otro carácter humano, que el Superior.

4.6 And when other meat failed them,

Y cuando otras carnes les fallaban,

they turned to what old habit had hitherto forbidden.   4.7

recurrían a lo que la vieja costumbre les había prohibido
hasta entonces.

So I say I saw it in my last view of the world of Eight   4.8
Hundred and Two Thousand Seven Hundred and
One.

Así digo que lo vi en mi última visión del mundo de
Ochocientos Dos Mil Setecientos Uno.

It may be as wrong an explanation as mortal wit   4.9
could invent.

Puede ser una explicación tan errónea como el ingenio
mortal podría inventar.

It is how the thing shaped itself to me,   4.10

Así es como la cosa se formó para mí,

and as that I give it to you.   4.11

y así se la doy a usted.

"After the fatigues, excitements, and terrors of the   5.1
past days, and in spite of my grief, this seat and the
tranquil view and the warm sunlight were very
pleasant.

"Después de las fatigas, excitaciones y terrores de los
días pasados, y a pesar de mi dolor, este asiento, la vista
tranquila y la cálida luz del sol eran muy agradables.

I was very tired and sleepy,   5.2

Estaba muy cansado y somnoliento,

and soon my theorising passed into dozing.   5.3

y pronto mis teorías se convirtieron en sueño.

5.4 Catching myself at that, I took my own hint, and spreading myself out upon the turf I had a long and refreshing sleep.

Al darme cuenta de ello, seguí mi propio consejo y, tendiéndome sobre el césped, tuve un sueño largo y reparador.

6.1 "I awoke a little before sunsetting.

"Me desperté un poco antes de la puesta del sol.

6.2 I now felt safe against being caught napping by the Morlocks, and, stretching myself, I came on down the hill towards the White Sphinx.

Ahora me sentía seguro contra la posibilidad de que los morlocks me sorprendieran durmiendo la siesta y, desperezándome, bajé la colina en dirección a la Esfinge Blanca.

6.3 I had my crowbar in one hand, and the other hand played with the matches in my pocket.

Tenía la palanca en una mano y la otra jugaba con las cerillas que llevaba en el bolsillo.

7.1 "And now came a most unexpected thing.

"Y ahora vino lo más inesperado.

7.2 As I approached the pedestal of the sphinx I found the bronze valves were open.

Al acercarme al pedestal de la esfinge descubrí que las válvulas de bronce estaban abiertas.

7.3 They had slid down into grooves.

Se habían deslizado hacia abajo en ranuras.

8.1 "At that I stopped short before them,

"En ese momento me detuve en seco ante ellos,

hesitating to enter. 8.2
dudando en entrar.

"Within was a small apartment, 9.1
"Dentro había un pequeño apartamento,

and on a raised place in the corner of this was the 9.2
Time Machine.
y en un lugar elevado en la esquina de éste estaba la
Máquina del Tiempo.

I had the small levers in my pocket. 9.3
Tenía las pequeñas palancas en mi bolsillo.

So here, after all my elaborate preparations for the 9.4
siege of the White Sphinx, was a meek surrender.
Así que aquí, después de todos mis elaborados preparativos
para el asedio de la Esfinge Blanca, había una mansa
rendición.

I threw my iron bar away, almost sorry not to use it. 9.5
Tiré mi barra de hierro, casi arrepentido de no haberla
usado.

"A sudden thought came into my head as I stooped 10.1
towards the portal.
"Un pensamiento repentino me vino a la cabeza mientras
me inclinaba hacia el portal.

For once, at least, I grasped the mental operations of 10.2
the Morlocks.
Por una vez, al menos, comprendí las operaciones mentales
de los Morlocks.

Suppressing a strong inclination to laugh, 10.3
Reprimiendo una fuerte inclinación a reír,

10.4 I stepped through the bronze frame and up to the Time Machine.

atravesé el marco de bronce y subí a la Máquina del Tiempo.

10.5 I was surprised to find it had been carefully oiled and cleaned.

Me sorprendió comprobar que había sido cuidadosamente engrasada y limpiada.

10.6 I have suspected since that the Morlocks had even partially taken it to pieces while trying in their dim way to grasp its purpose.

Desde entonces he sospechado que los Morlocks la habían hecho pedazos, incluso parcialmente, mientras intentaban, a su oscura manera, comprender su propósito.

11.1 "Now as I stood and examined it, finding a pleasure in the mere touch of the contrivance, the thing I had expected happened.

"Mientras lo examinaba, sintiendo placer en el mero tacto del artilugio, sucedió lo que esperaba.

11.2 The bronze panels suddenly slid up and struck the frame with a clang.

De pronto, los paneles de bronce se deslizaron hacia arriba y golpearon el marco con estrépito.

11.3 I was in the dark — trapped. So the Morlocks thought.

Estaba a oscuras, atrapado. Eso pensaban los morlocks.

11.4 At that I chuckled gleefully.

Me reí alegremente.

"I could already hear their murmuring laughter as they came towards me. 12.1

"Ya podía oír sus risas murmurantes mientras se acercaban a mí.

Very calmly I tried to strike the match. 12.2

Con mucha calma intenté encender la cerilla.

I had only to fix on the levers and depart then like a ghost. 12.3

Sólo tenía que fijarme en las palancas y partir entonces como un fantasma.

But I had overlooked one little thing. 12.4

Pero había pasado por alto una pequeña cosa.

The matches were of that abominable kind that light only on the box. 12.5

Las cerillas eran de esa clase abominable que sólo se encienden en la caja.

"You may imagine how all my calm vanished. 13.1

"Pueden imaginarse cómo se desvaneció toda mi calma.

The little brutes were close upon me. One touched me. 13.2

Los pequeños brutos estaban cerca de mí. Uno me tocó.

I made a sweeping blow in the dark at them with the levers, and began to scramble into the saddle of the machine. 13.3

Les di un golpe en la oscuridad con las palancas y empecé a subirme al sillín de la máquina.

Then came one hand upon me and then another. 13.4

Una mano me tocó y luego otra.

288

13.5 Then I had simply to fight against their persistent fingers for my levers, and at the same time feel for the studs over which these fitted.

Tuve que luchar contra sus persistentes dedos para agarrar mis palancas y, al mismo tiempo, buscar los pernos que las sujetaban.

13.6 One, indeed, they almost got away from me.

Una, de hecho, casi se me escapa.

13.7 As it slipped from my hand,

Cuando se me escapó de la mano,

13.8 I had to butt in the dark with my head -

tuve que golpear en la oscuridad con la cabeza -

13.9 I could hear the Morlock's skull ring - to recover it.

podía oír sonar el cráneo del morlock - para recuperarla.

13.10 It was a nearer thing than the fight in the forest, I think, this last scramble.

Creo que este último forcejeo estuvo más cerca que la lucha en el bosque.

14.1 "But at last the lever was fixed and pulled over.

"Pero al final la palanca se fijó y se detuvo.

14.2 The clinging hands slipped from me.

Las manos aferradas se soltaron de mí.

14.3 The darkness presently fell from my eyes.

La oscuridad desapareció de mis ojos.

I found myself in the same grey light and tumult I have already described. 14.4

Me encontré en la misma luz gris y el mismo tumulto que ya he descrito.

XIV. The Further Vision
XIV. La visión ulterior

1.1 "I have already told you of the sickness and confusion that comes with time travelling.

"Ya os he hablado de la enfermedad y la confusión que conllevan los viajes en el tiempo.

1.2 And this time I was not seated properly in the saddle,

Y esta vez no estaba bien sentado en la silla,

1.3 but sideways and in an unstable fashion.

sino de lado y de forma inestable.

1.4 For an indefinite time I clung to the machine as it swayed and vibrated, quite unheeding how I went, and when I brought myself to look at the dials again I was amazed to find where I had arrived.

Durante un tiempo indefinido me aferré a la máquina mientras se balanceaba y vibraba, sin prestar atención a cómo iba, y cuando volví a mirar los diales me sorprendí al ver adónde había llegado.

One dial records days, and another thousands of days, 1.5
another millions of days, and another thousands of
millions.

Un dial registraba días, otro miles de días, otro millones de
días y otro miles de millones.

Now, instead of reversing the levers, I had pulled 1.6
them over so as to go forward with them, and when
I came to look at these indicators I found that the
thousands hand was sweeping round as fast as the
seconds hand of a watch — into futurity.

Ahora, en vez de invertir las palancas, las había tirado para
avanzar con ellas, y cuando volví a mirar estos indicadores
me encontré con que la aguja de los millares daba vueltas
tan rápido como el segundero de un reloj, hacia el futuro.

"As I drove on, 2.1

"A medida que avanzaba,

a peculiar change crept over the appearance of 2.2
things.

un cambio peculiar se deslizaba sobre la apariencia de las
cosas.

The palpitating greyness grew darker; then - 2.3

La grisura palpitante se hizo más oscura; entonces -

though I was still travelling with prodigious velocity - 2.4

aunque yo seguía viajando a una velocidad prodigiosa -

the blinking succession of day and night, which was 2.5
usually indicative of a slower pace, returned, and
grew more and more marked.

la sucesión intermitente del día y la noche, que
normalmente era indicativa de un paso más lento, regresó,
y se hizo cada vez más marcada.

2.6 **This puzzled me very much at first.**

Esto me desconcertó mucho al principio.

2.7 **The alternations of night and day grew slower and slower, and so did the passage of the sun across the sky, until they seemed to stretch through centuries.**

Las alternancias del día y la noche se hacían cada vez más lentas, al igual que el paso del sol por el cielo, hasta que parecieron prolongarse durante siglos.

2.8 **At last a steady twilight brooded over the earth, a twilight only broken now and then when a comet glared across the darkling sky.**

Por fin, un crepúsculo constante se cernió sobre la Tierra, un crepúsculo que sólo se rompía de vez en cuando, cuando un cometa brillaba en el cielo oscuro.

2.9 **The band of light that had indicated the sun had long since disappeared;**

La franja de luz que indicaba el sol hacía tiempo que había desaparecido, pues el sol había dejado de ponerse;

2.10 **for the sun had ceased to set — it simply rose and fell in the west,**

simplemente salía y se ponía por el oeste,

2.11 **and grew ever broader and more red.**

y se hacía cada vez más ancho y más rojo.

2.12 **All trace of the moon had vanished.**

Todo rastro de luna se había desvanecido.

2.13 **The circling of the stars, growing slower and slower, had given place to creeping points of light.**

Los círculos de las estrellas, cada vez más lentos, habían dado paso a puntos de luz que se arrastraban.

At last, some time before I stopped, the sun, red and very large, halted motionless upon the horizon, a vast dome glowing with a dull heat, and now and then suffering a momentary extinction.

2.14

Por fin, algún tiempo antes de que me detuviera, el sol, rojo y muy grande, se detuvo inmóvil sobre el horizonte, una inmensa cúpula que brillaba con un calor sordo y de vez en cuando sufría una extinción momentánea.

At one time it had for a little while glowed more brilliantly again,

2.15

Hubo un momento en que volvió a brillar con más intensidad,

but it speedily reverted to its sullen red heat.

2.16

pero enseguida volvió a su sombrío calor rojo.

I perceived by this slowing down of its rising and setting that the work of the tidal drag was done.

2.17

Percibí por esta ralentización de su subida y puesta que el trabajo de arrastre de la marea había terminado.

The earth had come to rest with one face to the sun,

2.18

La tierra se había puesto de cara al sol,

even as in our own time the moon faces the earth.

2.19

como en nuestros días la luna se pone de cara a la tierra.

Very cautiously, for I remembered my former headlong fall, I began to reverse my motion.

2.20

Con mucha cautela, pues recordaba mi anterior caída precipitada, comencé a invertir mi movimiento.

2.21 Slower and slower went the circling hands until the thousands one seemed motionless and the daily one was no longer a mere mist upon its scale.

Las manecillas giraron cada vez más despacio, hasta que la del millar pareció inmóvil y la del día dejó de ser una mera bruma en su escala.

2.22 Still slower,

Aún más despacio,

2.23 until the dim outlines of a desolate beach grew visible.

hasta que los tenues contornos de una playa desolada se hicieron visibles.

3.1 "I stopped very gently and sat upon the Time Machine,

"Me detuve muy suavemente y me senté en la Máquina del Tiempo,

3.2 looking round. The sky was no longer blue.

mirando a mi alrededor. El cielo ya no era azul.

3.3 North-eastward it was inky black,

Hacia el nordeste era negro como la tinta,

3.4 and out of the blackness shone brightly and steadily the pale white stars.

y de la negrura brillaban con fuerza y constancia las pálidas estrellas blancas.

Overhead it was a deep Indian red and starless, and south-eastward it grew brighter to a glowing scarlet where, cut by the horizon, lay the huge hull of the sun, red and motionless. 3.5

Por encima era de un rojo indio intenso y sin estrellas, y hacia el sudeste se hacía más brillante hasta un escarlata resplandeciente donde, cortado por el horizonte, yacía el enorme casco del sol, rojo e inmóvil.

The rocks about me were of a harsh reddish colour, 3.6

Las rocas que me rodeaban eran de un áspero color rojizo,

and all the trace of life that I could see at first was the intensely green vegetation that covered every projecting point on their south-eastern face. 3.7

y todo rastro de vida que pude ver al principio era la vegetación intensamente verde que cubría cada punto saliente de su cara sureste.

It was the same rich green that one sees on forest moss or on the lichen in caves: 3.8

Era el mismo verde intenso que se ve en el musgo de los bosques o en los líquenes de las cuevas:

plants which like these grow in a perpetual twilight. 3.9

plantas que como éstas crecen en un crepúsculo perpetuo.

"The machine was standing on a sloping beach. 4.1

"La máquina estaba en una playa inclinada.

The sea stretched away to the south-west, 4.2

El mar se extendía hacia el suroeste,

to rise into a sharp bright horizon against the wan sky. 4.3

formando un horizonte nítido y brillante contra el cielo pálido.

4.4 There were no breakers and no waves,

No había rompientes ni olas,

4.5 for not a breath of wind was stirring.

pues no se movía ni un soplo de viento.

4.6 Only a slight oily swell rose and fell like a gentle breathing,

Sólo un ligero oleaje aceitoso subía y bajaba como una suave respiración,

4.7 and showed that the eternal sea was still moving and living.

y mostraba que el mar eterno seguía moviéndose y viviendo.

4.8 And along the margin where the water sometimes broke was a thick incrustation of salt — pink under the lurid sky.

Y a lo largo de la orilla, donde a veces rompía el agua, había una espesa incrustación de color rosa salado bajo el cielo escuro.

4.9 There was a sense of oppression in my head, and I noticed that I was breathing very fast.

Tenía una sensación de opresión en la cabeza y me di cuenta de que respiraba muy deprisa.

4.10 The sensation reminded me of my only experience of mountaineering,

La sensación me recordó mi única experiencia de montañismo,

4.11 and from that I judged the air to be more rarefied than it is now.

y por eso juzgué que el aire estaba más enrarecido que ahora.

"Far away up the desolate slope I heard a harsh 5.1
scream, and saw a thing like a huge white butterfly go
slanting and fluttering up into the sky and, circling,
disappear over some low hillocks beyond.

"A lo lejos, en la desolada ladera, oí un grito áspero y vi una
cosa parecida a una enorme mariposa blanca que se elevaba
y revoloteaba hacia el cielo y, dando vueltas, desaparecía
sobre unas colinas bajas más allá.

The sound of its voice was so dismal that I shivered 5.2
and seated myself more firmly upon the machine.

El sonido de su voz era tan lúgubre que me estremecí y me
senté más firmemente sobre la máquina.

Looking round me again, I saw that, quite near, what 5.3
I had taken to be a reddish mass of rock was moving
slowly towards me.

Mirando de nuevo a mi alrededor, vi que, muy cerca, lo
que yo había tomado por una masa rojiza de roca se movía
lentamente hacia mí.

Then I saw the thing was really a monstrous crab-like 5.4
creature.

Entonces vi que en realidad se trataba de una monstruosa
criatura parecida a un cangrejo.

Can you imagine a crab as large as yonder table, with 5.5
its many legs moving slowly and uncertainly, its big
claws swaying, its long antennæ, like carters' whips,
waving and feeling, and its stalked eyes gleaming at
you on either side of its metallic front?

¿Puedes imaginarte un cangrejo tan grande como aquella
mesa, con sus numerosas patas moviéndose lenta e
insegura, sus grandes pinzas balanceándose, sus largas
antenas, como látigos de carretero, agitándose y palpando,
y sus ojos pedunculados mirándote a ambos lados de su
metálica frente?

5.6 **Its back was corrugated and ornamented with ungainly bosses,**

Su dorso era ondulado y estaba ornamentado con protuberancias desgarbadas,

5.7 **and a greenish incrustation blotched it here and there.**

y una incrustación verdosa lo manchaba aquí y allá.

5.8 **I could see the many palps of its complicated mouth flickering and feeling as it moved.**

Podía ver los numerosos palpos de su complicada boca parpadeando y palpando mientras se movía.

6.1 **"As I stared at this sinister apparition crawling towards me, I felt a tickling on my cheek as though a fly had lighted there.**

"Mientras miraba fijamente a esta siniestra aparición que se arrastraba hacia mí, sentí un cosquilleo en la mejilla, como si una mosca se hubiera posado allí.

6.2 **I tried to brush it away with my hand, but in a moment it returned, and almost immediately came another by my ear.**

Intenté apartarla con la mano, pero en un momento volvió, y casi inmediatamente apareció otra junto a mi oreja.

6.3 **I struck at this, and caught something threadlike.**

La golpeé y atrapé algo parecido a un hilo.

6.4 **It was drawn swiftly out of my hand.**

Me lo arrebataron de la mano.

With a frightful qualm, I turned, and I saw that I had 6.5
grasped the antenna of another monster crab that
stood just behind me.

Con un estremecimiento espantoso, me volví y vi que había
agarrado la antena de otro cangrejo monstruoso que estaba
justo detrás de mí.

Its evil eyes were wriggling on their stalks, its mouth 6.6
was all alive with appetite, and its vast ungainly
claws, smeared with an algal slime, were descending
upon me.

Sus ojos malignos se retorcían sobre sus tallos, su boca
estaba llena de apetito y sus enormes y desgarbadas pinzas,
untadas con una baba de algas, descendían sobre mí.

In a moment my hand was on the lever, 6.7
En un momento tuve la mano en la palanca,

and I had placed a month between myself and these 6.8
monsters.

y había colocado un mes entre aquellos monstruos y yo.

But I was still on the same beach, 6.9
Pero seguía en la misma playa,

and I saw them distinctly now as soon as I stopped. 6.10
y ahora los veía claramente en cuanto me detenía.

Dozens of them seemed to be crawling here and there, 6.11
in the sombre light, among the foliated sheets of
intense green.

Docenas de ellos parecían arrastrarse aquí y allá, en la
sombría luz, entre las foliadas hojas de un verde intenso.

7.1 "I cannot convey the sense of abominable desolation that hung over the world.

"No puedo expresar la sensación de abominable desolación que se cernía sobre el mundo.

7.2 The red eastern sky, the northward blackness, the salt Dead Sea, the stony beach crawling with these foul, slow-stirring monsters, the uniform poisonous-looking green of the lichenous plants, the thin air that hurts one's lungs:

El cielo rojo del este, la negrura hacia el norte, el salado Mar Muerto, la playa pedregosa plagada de esos monstruos repugnantes que se agitaban lentamente, el verde uniforme de aspecto venenoso de las plantas liquenosas, el aire enrarecido que lastimaba los pulmones:

7.3 all contributed to an appalling effect.

todo contribuía a un efecto espantoso.

7.4 I moved on a hundred years, and there was the same red sun — a little larger, a little duller — the same dying sea, the same chill air, and the same crowd of earthy crustacea creeping in and out among the green weed and the red rocks.

Avancé cien años, y allí estaba el mismo sol rojo - un poco más grande, un poco más apagado-, el mismo mar moribundo, el mismo aire frío, y la misma multitud de crustáceos terrosos arrastrándose dentro y fuera entre la hierba verde y las rocas rojas.

7.5 And in the westward sky, I saw a curved pale line like a vast new moon.

Y en el cielo del oeste vi una línea curva y pálida como una inmensa luna nueva.

"So I travelled, stopping ever and again, in great
strides of a thousand years or more, drawn on by the
mystery of the earth's fate, watching with a strange
fascination the sun grow larger and duller in the
westward sky, and the life of the old earth ebb away.

8.1

"Así viajé, deteniéndome una y otra vez, a grandes
zancadas de mil años o más, arrastrado por el misterio
del destino de la tierra, observando con una extraña
fascinación cómo el sol se hacía más grande y más apagado
en el cielo hacia el oeste, y cómo se desvanecía la vida de la
vieja tierra.

At last, more than thirty million years hence, the
huge red-hot dome of the sun had come to obscure
nearly a tenth part of the darkling heavens.

8.2

Por fin, más de treinta millones de años después, la enorme
cúpula al rojo vivo del sol había llegado a oscurecer casi una
décima parte de los oscuros cielos.

Then I stopped once more, for the crawling multitude
of crabs had disappeared, and the red beach, save for
its livid green liverworts and lichens, seemed lifeless.

8.3

Entonces me detuve de nuevo, pues la multitud de
cangrejos que se arrastraban había desaparecido, y la
playa roja, salvo por sus lívidas hepáticas y líquenes verdes,
parecía sin vida.

And now it was flecked with white. A bitter cold
assailed me.

8.4

Y ahora estaba salpicada de blanco. Me asaltó un frío
amargo.

Rare white flakes ever and again came eddying down.

8.5

Raros copos blancos descendían una y otra vez.

302

8.6 To the north-eastward, the glare of snow lay under the starlight of the sable sky, and I could see an undulating crest of hillocks pinkish white.

Hacia el nordeste, el resplandor de la nieve yacía bajo la luz de las estrellas del cielo sable, y pude ver una cresta ondulante de colinas de un blanco rosado.

8.7 There were fringes of ice along the sea margin,

Había franjas de hielo a lo largo de la orilla del mar,

8.8 with drifting masses farther out;

con masas a la deriva más lejos;

8.9 but the main expanse of that salt ocean, all bloody under the eternal sunset, was still unfrozen.

pero la extensión principal de aquel océano salado, toda ensangrentada bajo la eterna puesta de sol, seguía sin congelarse.

9.1 "I looked about me to see if any traces of animal life remained.

"Miré a mi alrededor para ver si quedaba algún rastro de vida animal.

9.2 A certain indefinable apprehension still kept me in the saddle of the machine.

Una cierta aprensión indefinible me mantenía aún en la silla de la máquina.

9.3 But I saw nothing moving, in earth or sky or sea.

Pero no vi nada que se moviera, ni en la tierra, ni en el cielo, ni en el mar.

9.4 The green slime on the rocks alone testified that life was not extinct.

Sólo el limo verde de las rocas atestiguaba que la vida no se había extinguido.

A shallow sandbank had appeared in the sea and the water had receded from the beach. 9.5

En el mar había aparecido un banco de arena poco profundo y el agua se había retirado de la playa.

I fancied I saw some black object flopping about upon this bank, but it became motionless as I looked at it, and I judged that my eye had been deceived, and that the black object was merely a rock. 9.6

Me pareció ver un objeto negro flotando sobre el banco, pero se quedó inmóvil cuando lo miré y juzgué que mi ojo había sido engañado y que el objeto negro no era más que una roca.

The stars in the sky were intensely bright and seemed to me to twinkle very little. 9.7

Las estrellas del cielo brillaban intensamente y me pareció que centelleaban muy poco.

"Suddenly I noticed that the circular westward outline of the sun had changed; 10.1

"De repente me di cuenta de que el contorno circular del sol hacia el oeste había cambiado;

that a concavity, a bay, had appeared in the curve. 10.2

que una concavidad, una bahía, había aparecido en la curva.

I saw this grow larger. 10.3

La vi agrandarse.

For a minute perhaps I stared aghast at this blackness that was creeping over the day, and then I realised that an eclipse was beginning. 10.4

Durante un minuto, tal vez, contemplé atónito la negrura que se extendía sobre el día, y entonces me di cuenta de que estaba comenzando un eclipse.

10.5 **Either the moon or the planet Mercury was passing across the sun's disk.**

La luna o el planeta Mercurio atravesaban el disco solar.

10.6 **Naturally, at first I took it to be the moon, but there is much to incline me to believe that what I really saw was the transit of an inner planet passing very near to the earth.**

Naturalmente, al principio creí que se trataba de la Luna, pero hay muchos indicios que me inclinan a creer que lo que realmente vi fue el tránsito de un planeta interior que pasaba muy cerca de la Tierra.

11.1 **"The darkness grew apace;**

"La oscuridad crecía;

11.2 **a cold wind began to blow in freshening gusts from the east,**

un viento frío empezó a soplar con ráfagas frescas desde el este,

11.3 **and the showering white flakes in the air increased in number.**

y la lluvia de copos blancos en el aire aumentaba en número.

11.4 **From the edge of the sea came a ripple and whisper.**

De la orilla del mar llegaban ondas y susurros.

11.5 **Beyond these lifeless sounds the world was silent.**

Más allá de estos sonidos sin vida, el mundo estaba en silencio.

11.6 **Silent? It would be hard to convey the stillness of it.**

¿Silencioso? Sería difícil expresar su quietud.

All the sounds of man, the bleating of sheep, the cries of birds, the hum of insects, the stir that makes the background of our lives — all that was over. 11.7

Todos los sonidos del hombre, el balido de las ovejas, los gritos de los pájaros, el zumbido de los insectos, el revuelo que hace de fondo a nuestras vidas — todo eso había terminado.

As the darkness thickened, the eddying flakes grew more abundant, dancing before my eyes; and the cold of the air more intense. 11.8

A medida que la oscuridad se hacía más densa, los copos se arremolinaban y danzaban ante mis ojos, y el frío del aire se hacía más intenso.

At last, one by one, swiftly, one after the other, the white peaks of the distant hills vanished into blackness. 11.9

Por fin, uno a uno, rápidamente, uno tras otro, los blancos picos de las lejanas colinas se desvanecieron en la negrura.

The breeze rose to a moaning wind. 11.10

La brisa se convirtió en un viento quejumbroso.

I saw the black central shadow of the eclipse sweeping towards me. 11.11

Vi la negra sombra central del eclipse que se extendía hacia mí.

In another moment the pale stars alone were visible. 11.12

En otro momento, sólo las pálidas estrellas eran visibles.

All else was rayless obscurity. 11.13

Todo lo demás era oscuridad sin rayos.

The sky was absolutely black. 11.14

El cielo estaba completamente negro.

12.1 "A horror of this great darkness came on me.

"El horror de esta gran oscuridad se apoderó de mí.

12.2 The cold, that smote to my marrow, and the pain I felt in breathing, overcame me.

El frío, que me llegaba hasta los tuétanos, y el dolor que sentía al respirar, se apoderaron de mí.

12.3 I shivered, and a deadly nausea seized me.

Me estremecí y una náusea mortal se apoderó de mí.

12.4 Then like a red-hot bow in the sky appeared the edge of the sun.

Entonces, como un arco al rojo vivo en el cielo, apareció el borde del sol.

12.5 I got off the machine to recover myself.

Bajé de la máquina para recuperarme.

12.6 I felt giddy and incapable of facing the return journey.

Me sentía mareado e incapaz de afrontar el viaje de vuelta.

12.7 As I stood sick and confused I saw again the moving thing upon the shoal -

Mientras estaba de pie, enfermo y confuso, vi de nuevo la cosa que se movía sobre el banco de arena -

12.8 there was no mistake now that it was a moving thing -

no había duda de que era una cosa que se movía -

12.9 against the red water of the sea.

contra el agua roja del mar.

It was a round thing, the size of a football perhaps, or, 12.10
it may be, bigger, and tentacles trailed down from it;
Era una cosa redonda, tal vez del tamaño de un balón
de fútbol, o tal vez más grande, de la que se desprendían
tentáculos;

it seemed black against the weltering blood-red 12.11
water,
parecía negra contra el agua roja como la sangre,

and it was hopping fitfully about. Then I felt I was 12.12
fainting.
y daba saltitos irregulares. Entonces sentí que me
desmayaba.

But a terrible dread of lying helpless in that remote 12.13
and awful twilight sustained me while I clambered
upon the saddle.
Pero un terrible temor de yacer indefenso en aquella
penumbra remota y espantosa me sostuvo mientras subía a
la silla de montar.

XV. The Time Traveller's Return

XV. El regreso del viajero en el tiempo

1.1 "So I came back.

"Así que volví.

1.2 For a long time I must have been insensible upon the machine.

Durante mucho tiempo debí de permanecer insensible sobre la máquina.

1.3 The blinking succession of the days and nights was resumed, the sun got golden again, the sky blue.

Se reanudó la sucesión parpadeante de los días y las noches, el sol volvió a dorarse, el cielo a azularse.

1.4 I breathed with greater freedom.

Respiré con mayor libertad.

1.5 The fluctuating contours of the land ebbed and flowed.

Los contornos fluctuantes de la tierra fluían y refluían.

1.6 The hands spun backward upon the dials.

Las agujas retrocedían en los relojes.

At last I saw again the dim shadows of houses, 1.7

Por fin volví a ver las tenues sombras de las casas,

the evidences of decadent humanity. 1.8

las evidencias de la decadente humanidad.

These, too, changed and passed, and others came. 1.9

También éstas cambiaron y pasaron, y otras llegaron.

Presently, when the million dial was at zero, I slackened speed. 1.10

Cuando el dial del millón llegó a cero, disminuí la velocidad.

I began to recognise our own pretty and familiar architecture, the thousands hand ran back to the starting-point, the night and day flapped slower and slower. 1.11

Empecé a reconocer nuestra bonita y familiar arquitectura, la aguja de los millares volvió al punto de partida, la noche y el día aletearon cada vez más despacio.

Then the old walls of the laboratory came round me. 1.12

Entonces me rodearon las viejas paredes del laboratorio.

Very gently, now, I slowed the mechanism down. 1.13

Muy suavemente, ahora, reduje la velocidad del mecanismo.

"I saw one little thing that seemed odd to me. 2.1

"Vi una pequeña cosa que me pareció extraña.

2.2 I think I have told you that when I set out, before my velocity became very high, Mrs. Watchett had walked across the room, travelling, as it seemed to me, like a rocket.

Creo haberle dicho que cuando partí, antes de que mi velocidad fuera muy alta, la señora Watchett había atravesado la habitación, viajando, según me pareció, como un cohete.

2.3 As I returned,

Cuando regresé,

2.4 I passed again across that minute when she traversed the laboratory.

volví a pasar por ese minuto en que ella atravesó el laboratorio.

2.5 But now her every motion appeared to be the exact inversion of her previous ones.

Pero ahora cada uno de sus movimientos parecía la inversión exacta de los anteriores.

2.6 The door at the lower end opened, and she glided quietly up the laboratory, back foremost, and disappeared behind the door by which she had previously entered.

La puerta del fondo se abrió, y ella se deslizó silenciosamente por el laboratorio, de espaldas, y desapareció detrás de la puerta por la que había entrado antes.

2.7 Just before that I seemed to see Hillyer for a moment; but he passed like a flash.

Justo antes me pareció ver a Hillyer por un momento, pero pasó como un rayo.

"Then I stopped the machine, and saw about me again the old familiar laboratory, my tools, my appliances just as I had left them.

3.1

"Entonces detuve la máquina y volví a ver a mi alrededor el viejo y familiar laboratorio, mis herramientas y mis aparatos tal como los había dejado.

I got off the thing very shakily, and sat down upon my bench.

3.2

Me bajé del aparato muy temblorosamente y me senté en mi banco.

For several minutes I trembled violently.

3.3

Durante varios minutos temblé violentamente.

Then I became calmer.

3.4

Luego me tranquilicé.

Around me was my old workshop again,

3.5

A mi alrededor estaba de nuevo mi antiguo taller,

exactly as it had been.

3.6

exactamente como había estado.

I might have slept there, and the whole thing have been a dream.

3.7

Podría haber dormido allí y todo habría sido un sueño.

"And yet, not exactly!

4.1

"Y sin embargo, ¡no exactamente!

The thing had started from the south-east corner of the laboratory.

4.2

La cosa había partido de la esquina sureste del laboratorio.

It had come to rest again in the north-west,

4.3

Había vuelto a posarse en el noroeste,

4.4 against the wall where you saw it.
contra la pared donde usted la vio.

4.5 That gives you the exact distance from my little lawn to the pedestal of the White Sphinx,
Eso te da la distancia exacta desde mi pequeño césped hasta el pedestal de la Esfinge Blanca,

4.6 into which the Morlocks had carried my machine.
al que los Morlocks habían llevado mi máquina.

5.1 "For a time my brain went stagnant.
"Durante un rato mi cerebro se estancó.

5.2 Presently I got up and came through the passage here, limping, because my heel was still painful, and feeling sorely begrimed.
Al poco rato me levanté y atravesé el pasillo, cojeando, porque aún me dolía el talón, y sintiéndome muy afligido.

5.3 I saw the Pall Mall Gazette on the table by the door.
Vi la Pall Mall Gazette en la mesa junto a la puerta.

5.4 I found the date was indeed today, and looking at the timepiece, saw the hour was almost eight o'clock.
Vi que la fecha era efectivamente hoy, y al mirar el reloj vi que eran casi las ocho.

5.5 I heard your voices and the clatter of plates.
Oí sus voces y el ruido de los platos.

5.6 I hesitated — I felt so sick and weak.
Dudé, me sentía tan enferma y débil.

5.7 Then I sniffed good wholesome meat, and opened the door on you.
Luego olfateé una buena carne sana y os abrí la puerta.

You know the rest. 5.8
El resto ya lo sabes.

I washed, and dined, and now I am telling you the story. 5.9
Me lavé, cené y ahora te cuento la historia.

XVI. After the Story

XVI. Después de la historia

1.1 "I know," he said, after a pause,

"Sé," dijo, tras una pausa,

1.2 "that all this will be absolutely incredible to you,
but to me the one incredible thing is that I am
here tonight in this old familiar room looking into
your friendly faces and telling you these strange
adventures."

"que todo esto os resultará absolutamente increíble, pero
para mí lo único increíble es que estoy aquí esta noche,
en esta vieja habitación familiar, mirando vuestras caras
amigas y contándoos estas extrañas aventuras."

1.3 He looked at the Medical Man. "No.

Miró al médico. "No.

1.4 I cannot expect you to believe it.

No puedo esperar que lo crean.

1.5 Take it as a lie — or a prophecy.

Tómenlo como una mentira ...o una profecía.

1.6 Say I dreamed it in the workshop.

Diga que lo soñé en el taller.

Consider I have been speculating upon the destinies of our race,

1.7

Considera que he estado especulando sobre los destinos de nuestra raza,

until I have hatched this fiction.

1.8

hasta que he urdido esta ficción.

Treat my assertion of its truth as a mere stroke of art to enhance its interest.

1.9

Trate mi afirmación de su verdad como un mero golpe de arte para aumentar su interés.

And taking it as a story, what do you think of it?"

1.10

Y tomándolo como una historia, ¿qué te parece?"

He took up his pipe, and began, in his old accustomed manner, to tap with it nervously upon the bars of the grate.

2.1

Cogió su pipa y empezó a golpear nerviosamente con ella los barrotes de la rejilla, como acostumbraba.

There was a momentary stillness.

2.2

Hubo un momento de silencio.

Then chairs began to creak and shoes to scrape upon the carpet.

2.3

Luego las sillas empezaron a crujir y los zapatos a raspar la alfombra.

I took my eyes off the Time Traveller's face, and looked round at his audience.

2.4

Aparté los ojos de la cara del Viajero del Tiempo y miré a su público.

They were in the dark,

2.5

Estaban a oscuras,

316

2.6 **and little spots of colour swam before them.**
y pequeñas manchas de color nadaban ante ellos.

2.7 **The Medical Man seemed absorbed in the contemplation of our host.**
El Médico parecía absorto en la contemplación de nuestro anfitrión.

2.8 **The Editor was looking hard at the end of his cigar — the sixth.**
El redactor miraba fijamente el extremo de su cigarro, el sexto.

2.9 **The Journalist fumbled for his watch.**
El periodista buscaba a tientas su reloj.

2.10 **The others, as far as I remember, were motionless.**
Los demás, que yo recuerde, estaban inmóviles.

3.1 **The Editor stood up with a sigh.**
El Editor se levantó con un suspiro.

3.2 **"What a pity it is you're not a writer of stories!" he said,**
"¡Qué lástima que no seas escritor de relatos!" dijo,

3.3 **putting his hand on the Time Traveller's shoulder.**
poniendo la mano en el hombro del Viajero del Tiempo.

4.1 **"You don't believe it?"**
"¿No te lo crees?"

5.1 **"Well —— "**
"Bueno ..."

"I thought not."   6.1
"Creía que no."

The Time Traveller turned to us.   7.1
El Viajero del Tiempo se volvió hacia nosotros.

"Where are the matches?" he said.   7.2
"¿Dónde están las cerillas?" dijo.

He lit one and spoke over his pipe, puffing.   7.3
Encendió una y habló por encima de su pipa, resoplando.

"To tell you the truth ...I hardly believe it myself   7.4
...And yet ..."
"A decir verdad ...Casi no me lo creo ...Y sin embargo ..."

His eye fell with a mute inquiry upon the withered   8.1
white flowers upon the little table.
Su mirada se posó con muda indagación en las marchitas
flores blancas que había sobre la mesita.

Then he turned over the hand holding his pipe, and I   8.2
saw he was looking at some half-healed scars on his
knuckles.
Luego giró la mano que sostenía la pipa y vi que se miraba
unas cicatrices medio cicatrizadas en los nudillos.

The Medical Man rose, came to the lamp, and   9.1
examined the flowers.
El médico se levantó, se acercó a la lámpara y examinó las
flores.

"The gynæceum's odd," he said.   9.2
"El gineceo es extraño," dijo.

9.3 The Psychologist leant forward to see,
El psicólogo se inclinó hacia adelante para ver,

9.4 holding out his hand for a specimen.
extendiendo la mano para un espécimen.

10.1 "I'm hanged if it isn't a quarter to one,"
"Que me cuelguen si no es la una menos cuarto,"

10.2 said the Journalist. "How shall we get home?"
dijo el periodista. "¿Cómo llegaremos a casa?"

11.1 "Plenty of cabs at the station," said the Psychologist.
"Hay muchos taxis en la estación," dijo el psicólogo.

12.1 "It's a curious thing," said the Medical Man;
"Es algo curioso," dijo el Médico;

12.2 "but I certainly don't know the natural order of these flowers.
"pero ciertamente no conozco el orden natural de estas flores.

12.3 May I have them?"
¿Puedo quedármelas?"

13.1 The Time Traveller hesitated. Then suddenly:
El Viajero del Tiempo vaciló. Luego, de repente:

13.2 "Certainly not."
"Desde luego que no."

"Where did you really get them?" said the Medical
Man.

14.1

"¿De dónde los has sacado realmente?" dijo el Médico.

The Time Traveller put his hand to his head.

15.1

El Viajero del Tiempo se llevó la mano a la cabeza.

He spoke like one who was trying to keep hold of an
idea that eluded him.

15.2

Hablaba como quien intenta retener una idea que se le
escapa.

"They were put into my pocket by Weena, when I
travelled into Time."

15.3

"Weena me las metió en el bolsillo cuando viajé en el
Tiempo."

He stared round the room.

15.4

Miró la habitación.

"I'm damned if it isn't all going.

15.5

"Que me aspen si no se va todo.

This room and you and the atmosphere of every day is
too much for my memory.

15.6

Esta habitación y tú y el ambiente de cada día es demasiado
para mi memoria.

Did I ever make a Time Machine,

15.7

¿Hice alguna vez una Máquina del Tiempo,

or a model of a Time Machine?

15.8

o un modelo de una Máquina del Tiempo?

Or is it all only a dream?

15.9

¿O es todo sólo un sueño?

15.10 They say life is a dream, a precious poor dream at times — but I can't stand another that won't fit.

Dicen que la vida es un sueño, un sueño pobre y precioso a veces, pero no puedo soportar otro que no encaje.

15.11 It's madness. And where did the dream come from? ...

Es una locura. ¿Y de dónde viene el sueño? ...

15.12 I must look at that machine. If there is one."

Debo mirar esa máquina. Si es que existe."

16.1 He caught up the lamp swiftly, and carried it, flaring red, through the door into the corridor.

Cogió la lámpara con rapidez y la sacó por la puerta del pasillo.

16.2 We followed him.

Le seguimos.

16.3 There in the flickering light of the lamp was the machine sure enough, squat, ugly, and askew, a thing of brass, ebony, ivory, and translucent glimmering quartz.

Allí, a la luz parpadeante de la lámpara, estaba la máquina, rechoncha, fea y torcida, una cosa de latón, ébano, marfil y cuarzo translúcido y brillante.

16.4 Solid to the touch -

Sólida al tacto -

16.5 for I put out my hand and felt the rail of it -

pues extendí la mano y palpé su barandilla -

and with brown spots and smears upon the ivory, and bits of grass and moss upon the lower parts, and one rail bent awry. 16.6

y con manchas marrones en el marfil, trozos de hierba y musgo en las partes inferiores y una de las barandillas torcida.

The Time Traveller put the lamp down on the bench, and ran his hand along the damaged rail. 17.1

El Viajero del Tiempo dejó la lámpara sobre el banco y pasó la mano por la barandilla dañada.

"It's all right now," he said. 17.2

"Ya está bien," dijo.

"The story I told you was true. 17.3

"La historia que te conté era cierta.

I'm sorry to have brought you out here in the cold." 17.4

Siento haberte traído aquí, al frío."

He took up the lamp, and, in an absolute silence, we returned to the smoking-room. 17.5

Cogió la lámpara y, en un silencio absoluto, regresamos al fumadero.

He came into the hall with us and helped the Editor on with his coat. 18.1

Entró con nosotros en el vestíbulo y ayudó al Director a ponerse el abrigo.

The Medical Man looked into his face and, with a certain hesitation, told him he was suffering from overwork, at which he laughed hugely. 18.2

El médico le miró a la cara y, con cierta vacilación, le dijo que sufría de exceso de trabajo, a lo que él se rió enormemente.

18.3 I remember him standing in the open doorway,
Le recuerdo de pie en la puerta abierta,

18.4 bawling good-night.
dando las buenas noches.

19.1 I shared a cab with the Editor. He thought the tale a
Compartí un taxi con el Editor. Le pareció una

19.2 "gaudy lie."
"mentira chillona."

19.3 For my own part I was unable to come to a conclusion.
Por mi parte, era incapaz de llegar a una conclusión.

19.4 The story was so fantastic and incredible,
La historia era tan fantástica e increíble,

19.5 the telling so credible and sober.
el relato tan creíble y sobrio.

19.6 I lay awake most of the night thinking about it.
Pasé la mayor parte de la noche en vela dándole vueltas.

19.7 I determined to go next day and see the Time Traveller again.
Decidí ir al día siguiente y volver a ver al Viajero del Tiempo.

19.8 I was told he was in the laboratory, and being on easy terms in the house, I went up to him.
Me dijeron que estaba en el laboratorio, y como en la casa todo era fácil, me acerqué a él.

19.9 The laboratory, however, was empty.
Sin embargo, el laboratorio estaba vacío.

I stared for a minute at the Time Machine and put out my hand and touched the lever. 19.10

Me quedé un momento mirando la Máquina del Tiempo, extendí la mano y toqué la palanca.

At that the squat substantial-looking mass swayed like a bough shaken by the wind. 19.11

Al hacerlo, la mole de aspecto achaparrado se balanceó como una rama sacudida por el viento.

Its instability startled me extremely, 19.12

Su inestabilidad me sobresaltó sobremanera,

and I had a queer reminiscence of the childish days when I used to be forbidden to meddle. 19.13

y tuve una extraña reminiscencia de los días infantiles en que se me prohibía entrometerme.

I came back through the corridor. 19.14

Volví por el pasillo.

The Time Traveller met me in the smoking-room. 19.15

El Viajero del Tiempo se reunió conmigo en la sala de fumadores.

He was coming from the house. 19.16

Venía de casa.

He had a small camera under one arm and a knapsack under the other. 19.17

Llevaba una pequeña cámara bajo un brazo y una mochila bajo el otro.

He laughed when he saw me, and gave me an elbow to shake. 19.18

Se rió al verme y me dio un codazo.

19.19 "I'm frightfully busy," said he,
"Estoy terriblemente ocupado," dijo,

19.20 "with that thing in there."
"con esa cosa ahí dentro."

20.1 "But is it not some hoax?" I said.
"¿Pero no es un engaño?" Dije.

20.2 "Do you really travel through time?"
"¿De verdad viajan en el tiempo?"

21.1 "Really and truly I do." And he looked frankly into my eyes.
"De verdad que sí." Y me miró francamente a los ojos.

21.2 He hesitated. His eye wandered about the room.
Vaciló. Sus ojos vagaron por la habitación.

21.3 "I only want half an hour," he said. "I know why you came,
"Sólo quiero media hora," dijo. "Sé por qué has venido,

21.4 and it's awfully good of you. There's some magazines here.
y es muy amable de tu parte. Aquí hay algunas revistas.

21.5 If you'll stop to lunch I'll prove you this time travelling up to the hilt, specimens and all.
Si te detienes a almorzar, te demostraré que esta vez viajas hasta el fondo, con especímenes y todo.

21.6 If you'll forgive my leaving you now?"
¿Si me perdonas que te deje ahora?"

I consented, hardly comprehending then the full import of his words, and he nodded and went on down the corridor.

22.1

Consentí, apenas comprendiendo entonces todo el significado de sus palabras, y él asintió con la cabeza y siguió por el pasillo.

I heard the door of the laboratory slam, seated myself in a chair, and took up a daily paper.

22.2

Oí el portazo del laboratorio, me senté en una silla y cogí el periódico.

What was he going to do before lunch-time?

22.3

¿Qué iba a hacer antes de la hora de comer?

Then suddenly I was reminded by an advertisement that I had promised to meet Richardson, the publisher, at two.

22.4

De repente, un anuncio me recordó que había prometido reunirme con Richardson, el editor, a las dos.

I looked at my watch, and saw that I could barely save that engagement.

22.5

Miré el reloj y vi que apenas podía salvar aquel compromiso.

I got up and went down the passage to tell the Time Traveller.

22.6

Me levanté y bajé al pasadizo para avisar al Viajero del Tiempo.

As I took hold of the handle of the door I heard an exclamation, oddly truncated at the end, and a click and a thud.

23.1

Cuando agarré el picaporte de la puerta oí una exclamación, extrañamente truncada al final, y un chasquido y un ruido sordo.

23.2 A gust of air whirled round me as I opened the door,

Una ráfaga de aire giró a mi alrededor cuando abrí la puerta,

23.3 and from within came the sound of broken glass falling on the floor.

y desde el interior llegó el sonido de cristales rotos cayendo al suelo.

23.4 The Time Traveller was not there.

El Viajero del Tiempo no estaba allí.

23.5 I seemed to see a ghostly, indistinct figure sitting in a whirling mass of black and brass for a moment — a figure so transparent that the bench behind with its sheets of drawings was absolutely distinct;

Por un momento me pareció ver una figura fantasmal e indistinta sentada en una masa arremolinada de negro y latón, una figura tan transparente que el banco que había detrás, con sus hojas de dibujos, se distinguía perfectamente;

23.6 but this phantasm vanished as I rubbed my eyes.

pero este fantasma se desvaneció cuando me froté los ojos.

23.7 The Time Machine had gone.

La Máquina del Tiempo había desaparecido.

23.8 Save for a subsiding stir of dust,

Salvo por una nube de polvo que se iba disipando,

23.9 the further end of the laboratory was empty.

el otro extremo del laboratorio estaba vacío.

23.10 A pane of the skylight had, apparently, just been blown in.

Al parecer, acababa de estallar un cristal de la claraboya.

I felt an unreasonable amazement.

24.1

Sentí un asombro irracional.

I knew that something strange had happened,

24.2

Sabía que algo extraño había sucedido,

and for the moment could not distinguish what the strange thing might be.

24.3

pero por el momento no podía distinguir de qué se trataba.

As I stood staring, the door into the garden opened, and the man-servant appeared.

24.4

Mientras miraba fijamente, se abrió la puerta del jardín y apareció el criado.

We looked at each other. Then ideas began to come.

25.1

Nos miramos unos a otros. Entonces empezaron a surgir ideas.

"Has Mr. —— gone out that way?" said I.

25.2

"¿Ha salido por ahí el señor - -?" dije yo.

"No, sir. No one has come out this way.

26.1

"No, señor. Nadie ha salido por aquí.

I was expecting to find him here."

26.2

Esperaba encontrarlo aquí."

At that I understood.

27.1

Lo comprendí.

At the risk of disappointing Richardson I stayed on,

27.2

A riesgo de decepcionar a Richardson,

waiting for the Time Traveller;

27.3

me quedé esperando al Viajero del Tiempo;

27.4 **waiting for the second, perhaps still stranger story, and the specimens and photographs he would bring with him.**

esperando la segunda historia, quizá aún más extraña, y los especímenes y fotografías que traería consigo.

27.5 **But I am beginning now to fear that I must wait a lifetime.**

Pero ahora empiezo a temer que tendré que esperar toda la vida.

27.6 **The Time Traveller vanished three years ago.**

El Viajero del Tiempo desapareció hace tres años.

27.7 **And, as everybody knows now, he has never returned.**

Y, como todo el mundo sabe ahora, nunca ha regresado.

Epilogue

Epílogo

1.1 One cannot choose but wonder. Will he ever return?

Uno no puede dejar de preguntarse. ¿Regresará alguna vez?

1.2 It may be that he swept back into the past, and fell among the blood-drinking, hairy savages of the Age of Unpolished Stone; into the abysses of the Cretaceous Sea; or among the grotesque saurians, the huge reptilian brutes of the Jurassic times.

Puede que haya retrocedido en el tiempo y haya caído entre los salvajes peludos y sanguinarios de la Edad de Piedra sin Pulir, en los abismos del Cretácico o entre los grotescos saurios, los enormes reptiles brutos del Jurásico.

1.3 He may even now - if I may use the phrase -

Puede que incluso ahora - si se me permite la expresión -

1.4 be wandering on some plesiosaurus-haunted Oolitic coral reef,

esté vagando por algún arrecife de coral oolítico acechado por plesiosaurios,

1.5 or beside the lonely saline seas of the Triassic Age.

o junto a los solitarios mares salinos de la Era Triásica.

Or did he go forward, into one of the nearer ages, in which men are still men, but with the riddles of our own time answered and its wearisome problems solved?

1.6

¿O fue hacia adelante, a una de las edades más cercanas, en la que los hombres siguen siendo hombres, pero con los enigmas de nuestro propio tiempo respondidos y sus agotadores problemas resueltos?

Into the manhood of the race: for I, for my own part, cannot think that these latter days of weak experiment, fragmentary theory, and mutual discord are indeed man's culminating time.

1.7

A la madurez de la raza, porque yo, por mi parte, no puedo pensar que estos últimos días de experimentos débiles, teorías fragmentarias y discordia mutua sean realmente la época culminante del hombre.

I say, for my own part.

1.8

Digo, por mi parte.

He, I know — for the question had been discussed among us long before the Time Machine was made — thought but cheerlessly of the Advancement of Mankind, and saw in the growing pile of civilisation only a foolish heaping that must inevitably fall back upon and destroy its makers in the end.

1.9

Él, lo sé - pues la cuestión había sido discutida entre nosotros mucho antes de que se fabricara la Máquina del Tiempo-, no pensaba sino alegremente en el progreso de la Humanidad, y veía en el creciente cúmulo de civilización más que una pila insensata que inevitablemente caería sobre sus creadores y los destruiría al final.

If that is so,

1.10

Si es así,

1.11 it remains for us to live as though it were not so.

nos queda vivir como si no lo fuera.

1.12 But to me the future is still black and blank — is a vast ignorance, lit at a few casual places by the memory of his story.

Pero para mí el futuro sigue siendo negro y en blanco, es una vasta ignorancia, iluminada en algunos lugares casuales por el recuerdo de su historia.

1.13 And I have by me, for my comfort, two strange white flowers -

Y tengo junto a mí, para mi consuelo, dos extrañas flores blancas -

1.14 shrivelled now, and brown and flat and brittle -

ahora marchitas, marrones, planas y quebradizas -

1.15 to witness that even when mind and strength had gone, gratitude and a mutual tenderness still lived on in the heart of man.

que atestiguan que, incluso cuando la mente y la fuerza se han ido, la gratitud y la ternura mutua siguen vivas en el corazón del hombre.

Möwenstein Books

www.mowenstein.com

Renowned Authors

H. G. Wells • Ernest Hemingway
H. P. Lovecraft • Lewis Carroll
Franz Kafka • Friedrich Nietzsche
Albert Einstein • Oscar Wilde
Hans Christian Andersen

Notable Works

Frankenstein • *Alice in Wonderland*
Heart of Darkness • *The Great Gatsby*
Siddhartha • *The Metamorphosis*
Thus Spoke Zarathustra

Translation Services

We offer translation services in various languages, including German, Spanish, Chinese, Korean, Arabic, and more. For custom translations or revisions, please contact us at:

Email: translation@mowenstein.com

Our Collections

Franz Kafka Collection

- *The Metamorphosis / Die Verwandlung*
- *The Trial / Der Prozess*
- *The Castle / Das Schloss*
- *and many more…*

Pakt mit dem Teufel

- *Faust Parts I & II* by Johann Wolfgang von Goethe
- *Doctor Faustus* by Christopher Marlowe

Portraits of Irishmen

- *The Picture of Dorian Gray* by Oscar Wilde
- *A Portrait of the Artist as a Young Man* by James Joyce

Children's Classics

- *Winnie-the-Pooh / Pu der Bär*
- *Brothers Grimm Fairy Tales*
- *Fairy Tales Told for Children*
    - Author: Hans Christian Andersen

Visit Us

At Möwenstein Books, we are committed to providing high-quality bilingual editions of classic works. Explore our collections and discover more titles across various genres and languages.

Website: www.mowenstein.com